中小学校长与幼儿园园长
课程领导的理论与实践

◎王 怡 著

南京大学出版社

图书在版编目(CIP)数据

中小学校长与幼儿园园长课程领导的理论与实践 /
王怡著. -- 南京：南京大学出版社，2020.12
　ISBN 978 - 7 - 305 - 24016 - 4

Ⅰ．①中… Ⅱ．①王… Ⅲ．①中小学－校长－学校管
理－研究②幼儿园－管理－研究 Ⅳ．①G637.1②G617

中国版本图书馆 CIP 数据核字(2020)第 246269 号

出版发行　南京大学出版社
社　　　址　南京市汉口路 22 号　　　　　邮　编　210093
出 版 人　金鑫荣
书　　　名　**中小学校长与幼儿园园长课程领导的理论与实践**
著　　　者　王　怡
责任编辑　曹　森　　　　　　　　编辑热线　025 - 83592123
照　　　排　南京南琳图文制作有限公司
印　　　刷　江苏凤凰数码印务有限公司
开　　　本　718×1000　1/16　印张 10　字数 200 千
版　　　次　2020 年 12 月第 1 版　2020 年 12 月第 1 次印刷
ISBN 978 - 7 - 305 - 24016 - 4
定　　　价　42.00 元

网址：http://www.njupco.com
官方微博：http://weibo.com/njupco
官方微信号：njupress
销售咨询热线：(025) 83594756

前　言

　　本书将研究的对象聚焦在"中小学校长与幼儿园园长的课程领导"上,主要在学前教育和基础教育领域内探讨中小学校长与幼儿园园长[以下简称校(园)长]专业发展的相关主题。一方面,课程领导及课程领导力是校(园)长专业发展的重要组成部分,集中体现了校(园)长"领导者"与"教育者"的内在契合;另一方面,校(园)长课程领导的现状、课程领导力的提升策略,不仅影响着校(园)长的专业化水平,也直接影响着中小学、幼儿园的教育变革与发展。基于此,本书将着力在已有研究的基础上,厘清与校(园)长课程领导有关的概念,通过对课程领导、课程领导力以及校(园)长课程领导研究脉络的文献梳理,分析我国校(园)长课程领导的现状,探究校(园)长课程领导职能缺失的原因,进而提出校(园)长课程领导的实施策略和课程领导力的提升策略,以期促进校(园)长课程领导的理论研究与实践探索。

　　本书主要关注和审视校(园)长的专业发展,尤其是在校(园)长专业标准的参照下,探讨校(园)长的课程领导、课程领导力及提升策略。一方面核心素养背景下中小学阶段的课程改革对校长及教师专业发展提出了更大的挑战,赋予其更广泛意义上的课程权力;游戏化、生活化和园本化本身就是幼儿园课程的特点,幼儿园园长更需要具备更强的课程领导力,在引领幼儿园课程改革的过程中,引领幼儿教师专业发展,提升幼儿的学习品质,促进其身心全面和谐发展。另一方面也和研究者自身的条件有关,直接参与校(园)长培训的教学实践,能为本研究提供直观的经验与理性的思考。基于此,本书试图把课程领导与校(园)长专业发展结合起来,探讨校(园)长如何面对课程改革的挑战,探讨在课程领导的趋势下,如何促进校(园)长自身的专业发展。

　　本书所关涉的研究思路主要强调两点,其一,理论研究与实践探索相结合。从理论层面界定分析课程领导、课程领导力与校(园)长专业发展,然后阐释课程领导对于校(园)长专业发展的现实意义,以及当下面临的现实问题与困境。在分析和论述的同时,增强策略举措的现实性和指向性。其二,比较研究和文献研究相结合。借鉴和吸收国内外相关领域的研究成果,在文献分析的基础上,形成自己的认识和见解。力求在时间与空间上,保持研究的前瞻性和意义性。具体而言,在文献研究中明晰课程领导与课程领导力的区别,并在校(园)长专业发展的聚焦点上,将二者的内在契合予以充分体现;在比较研究中强调对西方课程领导和课程领导力相关研究的引入、借鉴与批判式地接受。就课程领导与课程领导力的理论内核与前沿研究状态,进行系统深入的比较分析,以课程领导的视域为切入点,集中探讨和研究校(园)长的专业发展,并重视把握研究的前沿状态和理论内核。

目 录

第1章 课程领导的理论研究 ············· 1

1.1 教育领导与教育领导力 ············· 1

1.2 课程领导的相关概念辨析 ············· 11

1.3 课程领导相关研究综述 ············· 16

第2章 课程领导与校(园)长的专业发展 ············· 23

2.1 校(园)长的专业发展 ············· 23

2.2 校(园)长的课程领导 ············· 35

2.3 课程领导对校(园)长角色的理性呼唤 ············· 37

2.4 校(园)长的课程领导力 ············· 41

第3章 中小学校长的课程领导 ············· 43

3.1 核心素养视域下中小学校长的课程领导 ············· 43

3.2 中小学校长的课程领导现状 ············· 53

3.3 中小学校长课程领导的影响因素分析 ············· 59

第4章 幼儿园园长的课程领导 ············· 65

4.1 《指南》背景下幼儿园园长的课程领导 ············· 65

4.2 幼儿园园长的课程领导现状 ············· 82

4.3 幼儿园园长课程领导的影响因素分析 ············· 86

第5章 课程领导的有效修炼:校(园)长专业发展策略 ············· 89

5.1 不断加强校(园)长课程领导的理论素养 ············· 89

5.2 逐步明晰校(园)长课程领导的角色任务观 ············· 94

5.3 在共同体建设中促进校(园)长的课程领导 …………………… 101

5.4 校(园)长课程领导品质的有效修炼 …………………… 103

5.5 加强校(园)长课程领导专题培训的开发力度 …………… 105

主要参考文献 …………………………………………………………… 109

附录1:学科核心素养的内涵及水平划分 ……………………………… 114

附录2:《指南》的基本框架与内容 …………………………………… 146

后 记 …………………………………………………………………… 153

第1章　课程领导的理论研究

1.1　教育领导与教育领导力

1.1.1　领导理论的溯源与进展

1.1.1.1　领导理论的溯源

领导是什么？其既是一个过程，也是一种能力特质。前者指向于领导者与追随者之间的关联与互动，注重复杂问题的解决与组织效能的提升；后者则指向于领导者的能力特质，指向于领导者自身的综合素养，亦即领导力的修炼与提升。事实上，领导工作是人类一种特殊的、重要的实践活动，蕴含着各种因素之间内在的、本质的、必然的联系，并呈现出内在的规律及特点。与之相应，领导学所关涉的主要内容包括对领导的本质性探讨、对领导者的主体性分析、对领导机制体制的关系性阐释、对领导过程的程序性优化等。一般而言，对领导的本质性探讨，偏重于不同领导理论的概念界定与学术溯源，而领导理论主要包括领导特性理论、领导行为理论和领导权变理论等。

领导特性理论集中回答这样的问题：领导者应该具备哪些素质？怎样正确地挑选领导者？它又包括传统特性理论和现代特性理论，二者的区别在于是否认为领导者的特性和品质是天生具有的，后天的实践能否对领导者予以造就。事实上，传统特性理论认为领导者的特性来源于生理遗传，是先天具有的，且领导者只有具备这些特性才能成为有效的领导者。传统特性理论的代表亨利（W. Henry）就归纳了领导者应具备的先天品质，具体包括：(1) 成就需要强烈，把工作成就看成是最大的乐趣，置于金钱报酬和职位晋升之上，因此愿意完成艰巨的任务；(2) 干劲大，工作积极努力，希望承担富有挑战性的新工作；(3) 用积极的态度对待上级，认为上级水平高、经验多，能帮助自己上进和提高，因而尊重上级，与上级关系较好；(4) 组织能力强，能把混乱的事务组织得很有条理，能从资讯中预料事务发展的动向；(5) 决断力强，能在较短的时间内对各种备择的方案加以权衡并作出选择；(6) 自信心强，对自己的能力充满了信心，对自己的目标坚信不疑，不受外界干扰；(7) 思维敏捷，富于进取精神；(8) 竭力避免失败，并且不断接受新的任务，树立新的奋斗目标，驱使自己前进；(9) 讲求实际，重视现实，不去关心不肯定的未来；

（10）不能只对上级亲近，而对下级疏远；（11）对父母没有情感上的牵挂，而且一般不同父母在一起；（12）忠于组织，尽忠职守。① 与之相应的，现代特性理论认为领导者的特性和品质可以在领导实践中形成，也可以通过训练和培养的方式予以造就。现代特性理论的代表人物威廉·杰克·鲍莫尔（William Jack Baumol）针对美国企业界的情况，也提出了企业领导者应具备的领导品质：领导者通常进取心强，能够不断地改进提高工作；逻辑思维和概括的能力强，善于分析和综合；判断能力较强，并有较强的自信心；热情关心别人，善于同人谈心，调动别人的积极性，帮助别人提高工作能力，能以自己的行为影响别人，能恰当地运用权力；实行集体领导，客观地听取各方面的意见，吸收别人的长处；有较强的技术知识和管理能力，工作勤恳，工作效率较高。②

　　领导行为理论是研究领导有效性的理论，是管理学理论研究的热点之一。领导行为理论集中研究领导的工作作风和行为对领导有效性的影响，主要研究成果包括：罗夫·怀特（Ralph K. White）和罗纳德·李皮特（Ronald Lipper）的三种领导方式理论、伦西斯·利克特（Rensis Likert）的四种管理方式理论、坦南鲍姆（Robert Tannenbaum）和沃伦·施密特（Warren H. Schmidt）的领导连续流理论、领导行为四分图理论、管理方格理论等等，这些理论主要是从对人的关注和对生产的关心两个维度，以及上级的控制和下属的参与的角度对领导行为进行分类，这些理论在确定领导行为类型与群体工作绩效之间的一致性关系上取得了有限的成功。③ 具体而言，第一，美国管理学家罗夫·怀特（Ralph K. White）和罗纳德·李皮特（Ronald Lipper）所提出的三种领导方式理论包括权威式领导、民主式领导和放任式领导。其中，权威式领导强调领导的绝对性地位与作用，领导就是发号施令者，注重严格的奖惩；民主式领导强调组织成员的集体决策与民主协商，领导就是鼓励者和决策者，注重有效的放权和协调；放任式领导强调组织成员的完全决策权，领导者放任自流，工作进行几乎全依赖组织成员，各人自行负责。第二，伦西斯·利克特（Rensis Likert）所提出的四种管理方式理论即是指领导需要支持下属员工的成长与发展，帮助其努力实现工作目标，并认识到自己的价值和重要性。领导的工作方式包括"剥削式的集权领导式""仁慈式的集权领导式""洽商式的民主领导式"和"参与式的民主领导式"。其中，"剥削式的集权领导式"的特点是专制、强权，采取自上而下的沟通方式，决策权也只限于最高层；"仁慈式的集权领导式"的特点是开明、权威，允许一定程度的自下而上的沟通，向下属征求一些想法和意见，授予下级一定的决策权，但牢牢掌握政策性控制；"洽商式的民主领导式"的特点是协商与沟通，采取这种方式的主管人员对下属抱有相当大的但又不是充分

---

① 关力. 亨利等人有关领导者品质的理论[J]. 管理现代化,1990(05):45-46.
② 关力. 亨利等人有关领导者品质的理论[J]. 管理现代化,1990(05):45-46.
③ 刘永芳. 管理心理学[M]. 北京:清华大学出版社,2008:121.

的信任和信心,在最高层制定主要政策和总体决策的同时,允许低层部门作出具体问题决策,并在某些情况下进行协商;"参与式的民主领导式"的特点是民主与参与,采取这种方式的主管人员对下属在一切事务上都抱有充分的信心和信任,鼓励各级组织作出决策,并付诸行动。第三,美国管理学家坦南鲍姆(Robert Tannenbaum)和沃伦·施密特(Warren H. Schmidt)提出的领导连续流理论也称作主管者—非主管者的行为连续流,从主要以领导人为中心到主要以下属为中心的一系列领导方式,这些领导方式依领导者把权力授予下属的大小程度而不同。领导连续流提供的是一系列的领导方式,强调了领导方式具有开放系统的性质。第四,领导行为四分图理论是由美国俄亥俄州立大学的领导行为研究者们提出来的,认为领导者的行为是组织与体贴精神两个方面的任意组合,即可以用两个坐标的平面组合来表示。用四个象限来表示四种类型的领导行为,即"低组织低体贴,低组织高体贴,高组织低体贴,高组织高体贴"。

领导权变理论亦称"领导情境理论",认为领导是领导者、被领导者及其环境因素相互作用的动态过程,不存在一种绝对的最佳领导方式,领导的效果与领导者所处的具体情境和环境有关,要根据具体情况来确定领导方式。费德勒(Fiedler)模式理论、豪斯(House)的通路—目标理论、弗鲁姆(Froome)和耶顿(Yetton)的领导—参与模式、卡曼(Kalman)的领导生命周期理论、比尔·雷迪恩(Bill Redian)的三维领导理论、波渥斯(Provost)和西肖尔(Seashore)的四维领导理论是最具有代表性的权变理论。具体而言,第一,费德勒模式理论认为,领导方式需要充分考虑实际的管理环境及内外部因素。领导效果往往取决于三种情境因素,即领导者与被领导者的关系、任务的结构和职位权力。根据费德勒模式,要提高领导的有效性,可以改变领导者的领导方式,或改变领导者所处的环境。费德勒权变模式通过研究领导者自身和被领导者的个性特点、所处的环境等变量,以及这些变量对领导有效性的影响作用,得出了比较理想的领导方式,揭示了领导的动态过程。[①] 第二,豪斯的通路—目标理论模型是西方领导理论中具有较大影响的一个领导权变模型,该理论认为领导者必须选择一种最适合于某一特定处境的领导方式,包括指令型——决策由领导者作出,指示下属做什么以及怎么做就行;支持型——领导者友善待人,关心和支持下属工作;参与型——吸收下属参与决策,认真考虑下属的建议;成就型——领导者向下属提出挑战性的目标,希望下属最大限度地发挥潜力,并不断制定新的目标,使下属经常处于被激励状态。根据豪斯的通路—目标理论模型,领导者的责任和作用就在于改善下属的心理状态,激励和帮助他们完成工作任务或实现目标,并使下属对自己的工作感到满意。领导者可以采用多种方式激励和帮助下属,为下属达到目标铺设通路。[②] 第三,弗鲁姆和耶顿的领导—参与

---

①　纪尚德. 管理心理学[M].北京:高等教育出版社,2012:9.

②　盛宇华. 豪斯的"通路—目标"模型述评[J].南京师大学报(社会科学版),1988(01):24-28.

模式理论认为,领导可以通过改变下属参与决策的程度来体现自己的领导风格。根据员工参与决策程度的不同,把领导风格(决策方式)分为三类五种,而有效的领导应该以决策者有正确经验为基础,根据不同的环境来选择最为合适的领导风格。具体包括领导独断决策;听取下属意见,由领导决策;吸取个别下属意见,由领导作出决策;广泛听取群众的意见后,由领导作出决策;由团体作出决策。第四,卡曼的领导生命周期理论认为应该把工作任务、关系行为和下属成熟度三者结合起来考虑,将被领导者的成熟度作为一个维度引入领导四分图,构成一个三维模式,随着下属成熟度提高,相应调整领导行为,即① 命令式——当下级人员的成熟度低时,应该采取命令式的高工作、低关系的领导形态。领导工作要强调有计划、有布置、有监督、有检查。② 说服式——当下级人员的成熟度进入初步成熟时,采取任务行为、关系行为并重的说服式领导形态较为适宜。布置工作不仅要说明干什么,还要说明为什么这样干,以理服人,不搞盲从。③ 参与式——当下级人员更趋成熟时,领导者的任务行为要减少、放松,关系行为要加强,采取参与式。领导者要与下级人员沟通信息,交流感情,吸收下级参与领导决策,提供情况和建议,改善关系,增强信任感。④ 授权式——当下级人员成熟度很高,水平很高,工作熟悉,技术熟练时,领导者应采取低工作、低关系的授权式领导,提出任务后,放手让下级去干,充分发挥下级的主观能动性;在下级需要时,可以提供帮助和支持。第五,比尔·雷迪恩的三维领导理论,三维指向的是任务导向、关系导向和效率,即任务导向(希望工作成果达到的质量)——管理者指导下属完成目标的程度,行为上表现为计划、组织和控制;关系导向(人际关系的融洽程度)——管理者保持工作中与下属之间关系的程度,行为上表现为相互信赖、对他人观点的尊重、对他人情感的关注;效率(保持高产的能力)——管理者达到其岗位所要求的目标成果的程度。依据以上三个维度上倾向的程度,呈现出八个类型的领导风格,即背弃者(在这三个维度上的倾向都很少或几乎没有)、官僚主义者(只注重成效)、传教士(只有关系倾向)、开发者(在注重成效的同时也注重关系)、独裁者(只有任务导向)、仁慈的独裁者(成效与任务并重)、折中主义者(在关注任务的同时也注重关系)、执行者(三种倾向都有表现)。

1.1.1.2　领导理论的进展

20世纪90年代初,科特(Kotter)利用他在非正式权力研究方面的理论积淀,集魅力领导论、变革领导论和愿景领导论之大成,创建了领导力理论,开启了领导学理论发展的新时代。①

魅力型领导理论一般是指领导者利用其自身的魅力鼓励追随者,并做出重大组织变革的一种领导理论。魅力型领导理论与特质理论比较相似,都是从个体的

---

① 王云峰.领导力理论溯源及创业领导研究方向[J].技术经济,2008(06):21-26+49.

心理—精神结构特征来探讨领导者所具有的心理—精神特征。魅力型领导理论可以看作是特质理论的抽象,具有内在的相近性。① 根据德国社会学大师韦伯的定义,魅力型领导就是领导者对下属的一种天然的吸引力、感染力和影响力,他区分了三种作为支配形式的领导、统治和权威的理想类型,即魅力型权威、封建/传统型权威、官僚/法理型权威。② 早期的魅力型领导理论认为,领导者行为对追随者具有深远影响,但未对如何获得这种效能进行详细说明。随后的魅力型领导理论进一步解释了魅力型领导者如何变革追随者动机的过程,认为诉诸终极价值和强化追随者自尊与价值意识是这一过程的关键。③

变革型领导理论具有很大的包容性,它对领导力的作用过程进行了广泛的描述。一般而言,变革型领导是指领导者通过领导魅力、领导感召力、智力激发和个性化关怀等,让员工意识到所承担的责任及任务的重要性,激发其更高层次的需要,从而使其最大限度地发掘自身的潜力来取得最高水平的绩效表现。④ 事实上,"变革型领导"作为一种重要的领导理论源于政治社会学家伯恩斯的经典著作《Leadership》。伯恩斯将领导者描述为能够激发追随者的积极性,从而更好地实现领导者和追随者目标的个体,进而将变革型领导定义为领导者通过让员工意识到所承担任务的重要意义和责任,激发下属的高层次需要或扩展下属的需要和愿望,使下属为团队、组织和更大的政治利益超越个人利益。⑤

本尼斯提出"愿景领导"一词,并强调在所有领导功能中,领导者对愿景的影响最深远,同时许多有关领导的研究亦发现有效能的领导者往往是具有愿景的领导者。所谓的愿景是一种由组织领导者与组织成员共同形成,具有引导与激励组织成员的未来情景的意象描绘,在不确定和不稳定的环境中,把组织活动聚焦在一个核心焦点的目标状态上,使组织及其成员在面对混沌状态或结构惯性抗力过程中能有所坚持,持续依循的明确方向、步骤与路径;并且借由愿景,有效培育与鼓舞组织内部所有成员提升职能,激发个人潜能,促使成员竭尽全力,增加组织生产力,达到顾客满意度的组织目标。⑥ 综上所述,愿景领导旨在提供行动的目标,并借由愿景目标的达成,促进组织与个体的不断成长,并驱使成员采用新的行动,去完成新的目标,因此也常被视为革新者或理想的楷模。

---

① 简文祥,王革.西方领导力理论演进与展望[J].科学学与科学技术管理,2014(02):80-85.

② 马克思·韦伯.经济与社会[M].林荣远,译.北京:商务印书馆,1998:78.

③ 纪尚德.管理心理学[M].北京:高等教育出版社,2012:9.

④ 杜元敏.变革型领导、心理授权和员工创新行为关系研究[D].苏州大学,2014.

⑤ 王震,孙健敏,赵一君.中国组织情境下的领导有效性:对变革型领导、领导—部属交换和破坏型领导的元分析[J].心理科学进展,2012(02):174-190.

⑥ 张润彤,朱晓敏.服务科学概论[M].北京:电子工业出版社,2009:96.

1.1.2 教育领导

1.1.2.1 教育领导与教育管理的辩证关系

在美、英、澳的教育管理文献中,"教育管理"和"教育领导"的区别往往是比较清晰的。从宽泛的意义上说,"教育管理"一般已将"教育领导"包含在内,但如果有关文献中同时出现"教育管理"和"教育领导"两个概念时,两者的区别就被凸显出来了。管理注重的是照章办事和组织日常运作的维持,领导关注的是组织的创新与变革;管理注重的是组织中的具体活动,领导关注的是组织的战略性问题等等。① 在日常的教育实践中,我们经常会追问这样的问题,即"校(园)长应当是一个管理者,还是一个领导者?"事实上,教育领导与教育管理具有内在的关联,但也存在着一定的差异。首先,教育领导重在"管人",要做到"知人善任、善于用人";教育管理重在"管事",要做到"考虑周详、安排得当"。其次,教育领导重在"决策",要做到"认真调研、科学预判、理性决策";教育管理重在"执行",要做到"落实方案、任务分解、动态调控"。最后,教育领导重在"激励",要做到"凝心聚力、攻坚克难";教育管理重在"协调",要做到"化解冲突、保驾护航"。因此,我们可以说,教育领导与教育管理并没有严格明晰的界限,我们并不是要校(园)长在二者之间作选择,而是要在两者之间保持平衡,这对于中小学、幼儿园的内涵发展而言,具有重要的价值。正如科特所言,"对领导和管理的强调与平衡是对两个变量的权变。一是变革的力度,二是学校运作的复杂程度。处于动荡环境之下而又复杂的学校,要求高水平的领导和管理;面临重大变革而又相对简单的学校,要求领导多于管理;在稳定环境下的复杂学校,要求管理多于领导;稳定环境下的简单学校,则要求两者都淡化一些"②。美国学者库班(Cuban L.)也认为,领导和变革联系在一起,而管理则是一项维系事务运转的活动。"领导是对他人施加影响,以达到预期的目的;管理则是维系组织的有效运转,管理得好可以体现领导的技能,管理的功能是维系而非变革。"③

1.1.2.2 教育领导的内涵阐释

自 20 世纪初至 80 年代以前,有关教育领导的主要理论均来源于普通管理学、领导学。关于学校领导的研究,大多集中在正式领导活动的职位上——主要是学校的校长职位。例如,20 世纪初的领导者素质理论、20 世纪 40 年代末到 60 年代中期的领导行为理论、20 世纪 60 年代的领导研究的权变理论、20 世纪六七十年代

---

① 冯大鸣. 美、英、澳教育管理前沿图景[M]. 北京:教育科学出版社,2004:38.

② 冯大鸣. 沟通与分享:中西教育管理领衔学者世纪汇谈[M]. 上海:上海教育出版社,2002:84.

③ CUBAN L. The managerial imperative and the practice of leadership in schools[M]. Albany, NY: State University of New York Press, 1988:312.

的领导认知理论,对领导者与追随者及其环境、工作以及在这些认知过程中与行为之间的关系进行了研究。① 20 世纪 80 年代以来,世界各国教育管理体制发生了重大变化,尤其在领导理论层面,出现诸多新的教育改革思想与模式,重新定位了学校组织特性,并逐渐摆脱了传统科层组织的教育管理思维,力图确立教育领导的理念与方法。从教育管理走向教育领导、由教育管理变为教育服务,可以说是 21 世纪教育观念变革最重要的特征之一。② 其中,雷斯沃德和杜克(Leithwood & Duke)就指出,当代教育领导概念众多,而众多概念中,教学领导、转化式领导、道德领导、参与领导、管理式领导、权变领导是最具代表性的概念。③ 事实上,道德领导理论的问世是教育领导理论步入独创阶段的标志,随后的分布式领导和知识社会领导理论更注重研究基础的构筑以及对教育现实环境的回应。同时,这些理论也为身处变革时代的我国广大校(园)长带来了若干可资借鉴的领导理念。④

1.1.2.3　教育领导所关涉的理论前沿

1. 道德领导

1992 年,美国学者托马斯·萨乔万尼在《道德领导:抵及学校改善的核心》一书中,深刻地揭露了传统学校领导理论的种种缺陷与问题,出人意料却又令人信服地论证了当时正在受人追捧的学校领导模式的不合理性,并初步构筑了一个将道德领导置于首位的学校领导框架体系以及在这个框架影响之下的新型学校文化。⑤ 萨乔万尼认为,第一,学校不是一般的组织,而是一个学习共同体。学校共同体规格是一种专业学习共同体,具有共同的专业愿景、价值取向以及心智模式等。在共同体中,成员拥有一种与他人具有相同意向的社会生活,成员间的控制更多地依靠规范、目的、价值观、专业精神、团队精神以及成员间自然而然的互依性。⑥ 第二,科层权威、心理权威、技术—理性权威构成了现有的领导工作维度,而专业权威和道德权威则是对传统领导权威来源的扩展,这也正是道德领导的工作维度。专业权威一般是指"精妙的技艺知识和个人专长(教师依据共同的社会化、专业价值观、认可的实践原则以及内化了的专业精神作出回应)",道德权威一般是指"责任感和义务感来自宽广而共享的共同体价值观、理念和理想(教师对共同的

①　袁慧芳,彭虹斌. 从教育管理到教育领导——教育领导学作为一门学科的创立[J]. 外国教育研究,2010(06):27 - 32.

②　陈永明,王健."教育领导学"学科建设之思考[J]. 上海师范大学学报(基础教育版),2008(03):1 - 7.

③　LEITHWOOD K, DUKE D L. A century's question to understand school leadership [M]. San Francisco:Jossey Bass Publishers,1999:45 - 53.

④　冯大鸣. 美、英、澳教育领导理论十年(1993—2002)进展述要[J]. 教育研究,2003(04):72 - 78.

⑤　冯大鸣. 道德领导及其文化意蕴[J]. 全球教育展望,2004(03):15 - 18.

⑥　冯大鸣. 美、英、澳教育管理前沿图景[M]. 北京:教育科学出版社,2004:58.

承诺和互依感作出回应)"①。第三,倡导道德领导,并不是要抛弃现有的领导工作维度,而是主张对现有的领导工作维度加以扩展。但是,真正适合于学校组织的领导理论,当然应将道德领导置于首位。究其原因,科层权威能够保证教师被动地按既定的政策行事,但却不能满足学习共同体的领导要求;心理权威能够在一定程度上考虑教师内在的心理需要,但却将内驱力指向教师的私利,而非共同体的理想与价值;技术—理想权威强调对科学知识和科学研究结果的尊重与应用,但却很难回应学校教育情境的复杂性;道德权威能够促进学校专业学习共同体的建设,能够促进共同体及其成员共享内在的价值观、信念和专业承诺,并有利于达成这样的共识,即"在共同体内,什么是对,什么有效是同等重要的;情感和信念与自利对人有同样大的激励性;团队精神也是一种专业美德"等。② 第四,在道德领导理论体系中,树立目标是极其重要的领导活动。道德领导强调目标的共享性,强调树立目标是领导者与员工共同完成的任务,而且往往与文化精神联系在一起,使得教师始终能够做正确的事情,而不是只求把事情做正确。在传统的领导理论中,确立目标主要依靠领导者个人的卓见、智慧和技能,并注重技术层面的元素,往往会导致教育功能的偏离甚至是异化,并很难保证目标达成的持久性与执行力。第五,道德领导角色需要重新定位,需要明确"领导者的领导者"的角色任务观,就是要努力把员工培养成他们各自工作范围内的领导者。萨乔万尼指出,以往的领导理论常常要求领导者扮演这样一种角色:他借助人格的力量、科层的神通和政治的诀窍,单枪匹马地拽拉和推动组织成员们前进;领导者必须成功地操纵事件和人员,以使卓见变成现实。但是,有价值的领导,最终还是那些以不同方式触动人们的领导——开掘他们的情感、呼唤他们的价值观念、回应他们联结他人的需要等,而这就是一种以道德为基础的领导。③

综上所述,在萨乔万尼看来,道德领导就是领导者以道德权威为基础,甄别并确定学习共同体的核心价值观,建构共同愿景与理念,教师基于责任和义务对共享的共同价值观、理念和愿景作出回应,在团队精神下相互协作,进而发挥领导的效能。事实上,道德领导的理论主张可以使我们重新审视教育领导的观念,找回教育领导的精髓,以弥补传统学校领导观念的不足,使之相辅相成,走向教育领导的新境界。④

2. 分布式领导

分布式领导,是 20 世纪 90 年代提出的一种新的教育领导理论,但目前还没有一个严密的定义,对这一术语人们有着不同的理解。美国西北大学教授斯皮兰认

---

① 冯大鸣. 美、英、澳教育管理前沿图景[M]. 北京:教育科学出版社,2004:61 - 62.

② 冯大鸣. 美、英、澳教育管理前沿图景[M]. 北京:教育科学出版社,2004:62.

③ 冯大鸣. 美、英、澳教育管理前沿图景[M]. 北京:教育科学出版社,2004:65.

④ 李军. 萨乔万尼论学校道德领导[J]. 外国教育研究,2003(10):6 - 8.

为,分布式领导内含领导者和领导实践两个层面,是在特定情境和实践领域中,多个组织层面的领导者交互影响,以增加组织领导的厚度、吸收广大员工智慧的过程;英国学者哈里斯认为,分布式领导理论只是一种观察、分析、探讨领导实践的新的概念透镜。分布式领导是发生在组织层面而不是发生在个体层面或小团体层面的活动,不是分析占据领导职位的单个人或少数几个人,而是整个学校组织;澳大利亚学者拉柯姆斯基认为,分布式领导源于有关研究的发现,领导及领导的影响是分布于有结构的组织关系之中的,以组织中种种联合力量的形式表现出来的。①

综合以上观点,分布式领导注重特定的教育情境与专业实践,注重教育组织的共同体建设,注重领导者及其他人之间的分工与协作,这对于中小学与幼儿园的内涵发展具有重要的理论指导价值。一般而言,教育组织情境下的分布式领导就是分布于学校(幼儿园)组织中的领导者及其领导行为的交互与协作,它是教育领导者、教育追随者和特定情境交互作用网络中的一种领导实践理论。在分布式领导的概念范畴下,教育组织内部需要有多个领导,且扮演者不同的角色,彼此之间可以相对独立,也可以协同一致。戈隆(Peter Gronn)就认为,若干个体彼此独立的领导行为和若干个体协同一致的领导行为可以看作是分布式领导行为的两种形式。前者是分布式领导的数量式行为(numerical action),指实施领导行为的多个个体虽然分别承担不同的领导角色,但是彼此之间没有关联性;而后者则是指分布式领导的协同性行为(concertive action),即实施领导行为的个体之间既有角色分工,又有自发或自觉的互动和合作。②

3. 服务型领导

作为一种新的领导行为理论,服务型领导近年来成为学界关注的热点。在该理论的提出者 Greenleaf 看来,服务型领导不但强调领导者对组织成功的责任,而且强调领导者对下属、顾客和组织其他利益相关者的道德责任。③

服务型领导是指领导者以本身的道德和责任为基础,尊重被领导者个体的尊严和价值,关注被领导者的发展,挖掘和培育被领导者的能力,充分激发被领导者积极进取的精神、心理和情绪等方面的动力,将被领导者的利益置于领导者个人利益之上的,兼具仁爱、以人为本的领导实践活动和认知行为。一般而言,领导者拥有处理工作的知识以便有效地支持和帮助下属,并鼓励和促进下属自主发现和解决工作中的问题;领导者通过对下属的支持和良师般的示范效应,真诚地关心下属的职业成长和发展,通过言行举止让下属明晰自己会优先满足下属的工作需求,帮助下属克服工作中的难题;领导者有能力预测未来,并将未来的共同目标告知下

①　蒋园园.分布式领导概念辨析及对学校组织改善的作用[J].教育科学,2008(06):11-15.
②　张晓峰.分布式领导:缘起、概念与实施[J].比较教育研究,2011(09):44-49.
③　赵强.校长服务型领导对教师组织支持感及工作满意度的影响研究[J].现代中小学教育,2015(02):11-15.

属;领导者不胁迫别人服从,也不利用职务上的权威在组织内推动决策,而是劝服别人认同计划或工作,从而在群体中有效地建立共识;领导者努力用行动来认识、理解和支持本单位的员工,以期建立长期良好的互动关系。

1.1.3 教育领导力

教育领导力关注的是领导者的能力特征及其领导效能,其本质是领导者的影响力,即要求教育领导者拓展途径和方式,以巩固和扩大其创造力、凝聚力、牵引力、推动力和发展力等。20 世纪 80 年代早期美国就兴起了以"校长教学管理评定量表"(PIMRS)为代表的教育领导力测评浪潮;到了 90 年代初,变革型领导成为美国教育领导力评价的另一风潮;而进入 21 世纪以来,以学生学习为中心而创建的"范德比尔特教育领导力评估"(VAL - ED)成为新的潮流。① 事实上,教育领导力的研究一直被教育学界所关注,出现了数十种教育领导力模式,大多是在不同领导理论的视角或框架下聚焦到领导者的素养和领导行为的影响力等方面。诸如特质模式(领导特质理论)、行为模式(领导行为理论)、权变模式(领导权变理论)、转换模式(分布式领导理论)、教学领导模式、道德领导模式等。这些传统的教育领导力模式存在三个问题:一是这些模式多数是外来的,即并非诞生于教育系统,而是来自企业管理;二是这些模式多数是针对特定情境的,并不一定适合于教育系统;三是缺乏一个能够整合其他模式的领导力模式。②

斯腾伯格(R. J. Sternberg)是美国耶鲁大学终身教授,他提出了著名的 WICS 教育领导力模型(以下简称"WICS 模型"),在美国产生了很大的影响。斯腾伯格的 WICS 模型包括四个因素:智慧(Wisdom)、智力(Intelligence)、创造力(Creativity)和综合能力(Synthesized)。③ 事实上,基于智力心理学的 WICS 领导力模型,缘起对传统领导力理论的批判与契合,智慧、智力和创造力三个因素及其协调综合所构建的动态发展模型具有开放性、整合性和不确定性特征,能够重构领导力基础及多目标系统,从而为教育领导力发展开启新的研究路径。④

---

① 王红,陈纯槿. 美国教育领导力评价研究三十年:回顾与启示[J]. 比较教育研究,2012(01):55 - 58+77.

② 胡中锋,王义宁. 教育领导力模式变迁之反思[J]. 华东师范大学学报(教育科学版),2015(03):7 - 13.

③ 胡中锋,王红. 斯腾伯格的 WICS 教育领导力模型述评[J]. 中小学管理,2015(09):25 - 28.

④ 李政,胡中锋. WICS 领导力模型:缘起、特征与启示[J]. 高教探索,2016(08):18 - 23.

1.2　课程领导的相关概念辨析

1.2.1　课程领导的内涵

　　课程领导的相关研究是近三十多年逐渐兴起的,且多聚焦于中小学领域,其核心在于强调"提升学生学习品质""促进教师专业发展",进而关注学校共同体、共同愿景和道德领导等话题。以往传统的学校课程管理模式下,学校校长大多只注重行政事务的领导与管理,而无法有效地发挥其在学校课程发展中所应具有的功能以及所应扮演的角色。在基础教育课程改革的背景下,学校逐渐改变了以往在课程发展中被动执行者的角色,被赋予一定的课程权力,而有效运用这部分权力则离不开校长的课程领导。课程领导强调的是一种转型的领导(transformative leadership),课程领导者必须超越传统领导概念赋予领导者"发号施令"的角色和责任,课程领导本身也将被重新概念化为一种合作探究、发现、学习和质疑的过程。课程领导要求校长不仅要具备有关课程性质、课程取向、课程发展、教与学等方面的专业知识,以便能够有效增加课程领导者对教学实践观察的敏锐性,能帮助课程领导者建构课程共同体的交互平台,而且还要求校长在课程资源的开发、课程政策的制定、课程的设计与实施,以及课程评鉴等工作中,营造氛围、建构愿景、建立团队,在学校共同体的平台中实现学校课程与教学改革的跨越式发展。校长需要在思想意识与领导实务方面重视课程改革背景下的课程领导,需要在进行课程领导的过程中,实现自身的专业发展。

　　就幼儿园层面的课程领导而言,其核心是在幼儿园课程的设计、开发、实施与评价的各个环节中,把握幼儿教育真谛、引领幼儿教师专业发展、提升幼儿学习品质,进而关注幼儿园共同愿景的塑造和幼儿园共同体建设等。然而,已有的幼儿园课程领导研究总体不足,并未跳出中小学课程领导研究的基本框架,且并未充分考量幼儿园课程理解与创生的独特性与场域性。事实上,生活化、游戏化与园本化的课程特点赋予了幼儿园更大的课程权力,而对幼儿学习品质的提升也主要取决于幼儿园主题课程活动、区域活动、环境创设以及一日生活等保教活动的创造性与实践性,这对传统的幼儿园课程开发和管理提出新的挑战,这也内在地要求幼儿园课程研究与实践的"范式转换",即转向到"幼儿园课程理解和创造方式",转向到幼儿园园长的课程领导。

　　事实上,作为课程变革与发展的领航者,校(园)长的课程领导直接影响着教育质量的全面提升,影响着课程的变革与发展。反观当前的研究现状及实践探索,从课程改革和课程领导的层面审视教师、儿童的研究比较多,而对于校(园)长的相关研究,尤其是课程领导层面的相关研究仍然不够深入,尚未关乎到校(园)长的专业实践与专业发展。因此,从课程领导的视域探讨校(园)长专业发展,能够使课程研究不再仅仅关注课堂与教学的微观层面,而是综合考虑课程实施者的专业发展,进而探讨中小幼的课程改革与发展,促进中小幼的内涵式发展。

1.2.2 课程领导与课程管理的辨析

领导是在一定的社会组织和群体内,为实现组织预定目标,领导者运用其法定权力和自身影响力影响被领导者的行为,并将其导向组织目标的过程。[①] 领导是一种人际影响力,贯穿于所有指向目标实现的沟通;领导是影响力的不断积累,超越于对指导和命令的机械性服从。从这些概念中可以看出,领导是一种不同于管理的行为,它强调的不是简单的服从,而是一种影响力,这种影响力既是显性的,也是隐形的。事实上,领导不同于一般意义上的管理。首先,领导所指向的对象是人,而管理的指向对象是事。领导者只需要对各部门的负责人进行领导,并不直接参与日常事务管理,而日常的事务管理则由各部门的负责人负责。全球第一 CEO 杰克·韦尔奇如是说:"别忙着管理了,赶快领导吧。"其次,相对于管理而言,领导涉及确立一种组织可以去追求的愿景,并调动人们去实现它;管理则是在已经确立了的愿景下,通过安排、指挥、调度和督促来帮助整个组织实现这种愿景。再次,领导往往是变革整个组织,而管理者仅仅是管理整个组织。正如史蒂芬·柯维博士所说:"管理在系统内起作用,而领导则对整个系统起作用。"最后,在团队管理中,领导者对整个团队的运作起推动作用,通过勾勒愿景、引导合作、分享以及培训等方式促进整个团队的发展;而管理者则主要通过权威的手段保证团队任务的顺利执行。

一般而言,课程领导鼓励教师的参与,重视领导者的智慧、思考和专业判断,激发领导者发挥他们的创意和潜能。课程领导不纯粹是一个个人领导的概念,它是一种建立于民主决策基础上的团体领导的概念,强调课程参与者之间的交流、沟通和协商。如果说"课程管理"较为注重由上而下、层级式的领导模式,那么,"课程领导"更崇尚一种平等、互动的协商式的领导形态。[②] 校(园)长的课程领导不同于传统的课程管理模式,它是在平等、互动的协商中,通过学校共同体的建设,立足教师的专业发展和学生的学习品质,从而实现中小学与幼儿园的跨越式发展。

课程领导与课程管理之间的辩证关系亦是如此。就中小学的课程领导而言,原来的课程管理一般实行课程管理的行政部门对学校进行自上而下的监控、管制,这明显体现着古典管理理论所倡导的官僚主义管理体系特征。现在的课程领导则赋予学校更大的权限和责任,使之围绕学校的课程展开自主、自律、创造性的课程

---

① 新世纪高职高专教材编审委员会组.管理学基础(非经管专业)[M].大连:大连理工大学出版社,2007:105.

② 黄显华.课程领导与校本课程发展[M].北京:教育科学出版社,2005:11.

实施与管理。这样,课程领导就把学校和教师从课程管理的外围引入内部,变被动接受指令为对课程进行主动的经营、创造,凭借学校课程领导者的智慧、教师的专业发展、学校文化的发展和建设,最终导向学生学习品质的提升和课程质量的提高。

就幼儿园的课程领导而言,生活化、游戏化与园本化的课程特点赋予了幼儿园更大的课程权力,这对传统的幼儿园课程开发和管理提出新的挑战,这也内在地要求幼儿园园长课程领导的"范式转换",即转向到"幼儿园课程理解和创造方式",转向到幼儿园园长、教师、儿童及家长等层面的课程领导。

1.2.3　课程领导与教学领导的辨析

"课程"与"教学"是两个大家都不陌生的概念,不同的学者对这两个概念之间关系的诠释各不相同,这或许与大家对"课程"定义的理解不同有关。事实上,"课程"与"教学"是两个紧密联系、互为一体的概念,"课程必须依赖教学来实施,教学也必须依靠课程来丰富其生命力"[①]。如果要区分"课程"与"教学",前者可以从教育系统、学校(幼儿园)教学以及教师课程教学三个层面进行讨论;而后者我们则往往会将焦点集中于教师课程教学的微观层面,少有在学校(幼儿园)整体教学的层面探讨某一教学方法或教学模式的问题,就更难从整个教育系统的角度,分析和探讨细致的教学问题。即便如此,"课程领导"和"教学领导"依然是两个互为关联的概念,教学领导不能孤立于课程之外,课程领导也不能自立于教学之外,我们可以通过教学表现来理解和丰富课程的内容,我们也应该在进行教学领导的时候,关注课程的内容。[②]

中小学校长的课程领导涵盖了课程与教学的范畴,是课程领导与教学领导的统一,课程领导在一定意义上包含了教学领导的内在需要。幼儿园教育有别于中小学,有其特殊性。某种程度而言,幼儿园课程领导的内涵大于教学领导,幼儿园的一日生活、户外活动、游戏活动甚至环境创设等,不能够简单地用教学活动来界定,这既包含了显性的幼儿园课程活动,也包含了幼儿园隐性的课程活动。因此,探讨幼儿园园长的课程领导就显得更为迫切。

1.2.4　课程领导与课程领导力的辨析

纵观西方课程领导理论的发展历史,呈现出从"工具"取向到"价值"取向的课程领导观的发展脉络。从理论源泉上来看,课程领导具有两大理论基础,即行政领导理论和课程理论,正是两者的结合孕育了课程领导这个领域。课程领导力则直

---

①　台湾海洋大学师资培育中心.课程领导与有效教学[M].北京:九州出版社,2006:3－22.

②　黄显华.课程领导与校本课程发展[M].北京:教育科学出版社,2005:11.

接指向于校(园)长及教师等主体的课程素养与领导素养,通过其开展的课程变革与引领,促进学生(儿童)学习品质与教师专业品质的双重提升,促进中小学(幼儿园)的内涵发展,从而提升教育的层级与质量。

事实上,有关领导力的相关理论与研究有其较为明显的演化轨迹,特质取向关注领导者的人格特质与共同特性,方式取向从重视静态人格分析转向对领导者外显行为的探究,权变取向从动态情境聚焦于角色的分化与交互,转型领导取向则重视组织愿景的建立、动力的激发以及氛围的营造等。基于此,课程领域相关研究中的"范式转换",一般由"课程开发和管理范式"转向"课程理解和创造方式",这是课程领导力这一概念诞生的时代背景,其理论体系主要包括创造性课程领导、革新型课程领导、分享式课程领导和批判型课程领导四大代表,其逻辑基础与研究范式发生了根本转向:哲学基础由"现代"向"后现代"转换,课程基础由"开发范式"向"理解范式"递嬗,领导学基础从"古典理论"向"现代理论"延展,呈现出一个带有明显时代特征的变化轨迹。当前国内课程领导的相关研究,有两个较为明显的聚集领域,其一是偏重于中小学的课程领导,包括校长、教师等不同层面的课程领导研究,但由于遭遇到应试教育及传统学科课程体系的冲击,理论探讨居多,实践创新不足;其二是偏重于课程领导力的有效提升,包括中小学校长(幼儿园园长)或教师课程理解与领悟能力、课程设计与实施能力、课程评价与反馈能力以及课程文化建设能力等方面的思考与探索,以"上海市提升中小学(幼儿园)课程领导力行动研究项目"最具代表性,积累了较为丰富的实践经验。

1.2.5 校(园)长的课程领导力

领导力指向领导者能力特质,是领导者勾勒愿景、达成共识、营造氛围、形成合力、整合资源、平衡协调所需具备的心理特质。就课程领导力而言,其核心聚焦于课程愿景、课程文化、课程资源、课程实施以及课程评价等。就校(园)长的课程领导力而言,就是校(园)长对课程的解读力、对课程现状的判断力、课程资源的开发力、课程实施的规划力和课程文化的建构力。一般而言,校(园)长对课程的解读力,即对当前中小学(幼儿园)课程政策、课程性质及课程标准的深刻认识,并能将理念直接转化为行动方案的专业能力;校(园)长对课程现状的判断力,即校(园)长能够重新审视中小学(幼儿园)教育的实际状况与发展困境,并找出影响中小学(幼儿园)课程品质的现实问题及其影响因素;校(园)长对课程资源的开发力,即从社区、家庭、教师和学生(幼儿)四个层面统筹利用各种课程资源,提升中小学(幼儿园)课程开发的品质;校(园)长对课程实施的规划力,即规划、设计中小学(幼儿园)课程体系,指导教师设计、实施课程,并对课程实施过程进行监控,对保教质量进行评价的能力;校(园)长对课程文化的建构力,即通过专业共同体建设,营造开放、创新、共享、发展的课程文化氛围,促进中小学(幼儿园)的可持续健康发展。

事实上,校(园)长课程领导的终极目标在于"提升学生学习品质""促进教师专业发展"，进而关注学校共同体、共同愿景和道德领导的课程领导内涵。校(园)长的课程领导力可以进一步聚焦于"课程信念力、课程开发力、课程执行力、课程协调力、课程反思力"五个方面的专业发展诉求。其中"课程信念力"是核心与灵魂，"课程开发力"与"课程执行力"是主体部分，"课程协调力"是催化剂和黏合剂，"课程反思力"则是助推器。"五力共举"既是对校(园)长课程领导力内涵的界定与诠释，也是课程改革对校(园)长专业发展的内在诉求。具体而言，"五力"包括以下几方面内容。

"课程信念力"是校(园)长课程价值观追求与课程理性思考的有机结合。校(园)长的课程价值观需要坚持课程改革的"理想主义"和"浪漫主义"，回归学生(幼儿)的生活实践与精神世界，激发学生(幼儿)的学习能动性，提高学生(幼儿)的学习品质，培养学生(幼儿)的创新能力与实践能力。校(园)长对课程的理性思考则要坚持课程改革的"现实主义"和"批判主义"，回归课程教学的实践难题，在表征问题、分析问题和解决问题的过程中，提升课程教学质量，提升教师专业生活品质。校(园)长课程价值观与理性思考的有机结合，能够催生中小学(幼儿园)课程改革的核心动力，并保持课程改革的理性头脑、客观视角和智慧创生。

"课程开发力"强调对校(园)长课程资源的整合与开发，强调课程方案的制定与实施。课程资源整合与开发需要坚持"有用第一、有趣第二"的原则，紧扣课程教学的中心主题内容，对重点、难点进行"精加工"，从而保障学生(幼儿)的课程学习品质。其中，中小学校长需要在这个课程教学的基本前提下，引导教师和学生对课程教学的非重点、非难点部分，甚至是次重点、次难点部分进行自主学习和合作学习，从而培养和提升学生良好的学习能力。课程方案的制定与实施则要坚持"有序与生成"的原则。"有序"强调课程的预设性，注重知识与能力直接的贯通；强调课程的衔接性，注重知识与经验的循序渐进。"生成"则强调课程的互动性与创生性，注重师生的互动与探究，注重学生的经验再造和意义建构，并强调良好的课程教学氛围。

"课程执行力"强调校(园)长对课程教学实践的目标管理和干预调整。课程目标管理不仅强调重视对课程教学目标的分解与细化，而且要求校(园)长更多地关注对课程教学目标的内化与设定。校(园)长需要在课程教学实践活动中，对教师的课程教学目标和学生的课程学习目标进行动态管理，对教学与学习目标的合理设定予以指导反馈，并对目标达成效果予以评估反馈，其目的是引导师生开展高效的课程学习活动。课程目标管理到位后，校(园)长需要将课程教学任务进行分解，保障"预习、上课、复习"课程教学三环节都能够做到"任务明确、重点突出"。针对课程教学实践中出现的诸多现实问题及其影响因子，校(园)长需要对课程教学方案进行适时的调整，以便让课程教学活动符合教师教学和学生学习的实际状况，提升课程学习品质。

"课程协调力"强调校(园)长整合学生(幼儿)、教师、家长等课程人力资源，实现"课程学习合力",以促进课程教学目标的全面达成,进而提升课程教学质量。其中,校(园)长与教师、教师与学生(幼儿)是课程协调的主要关系,重心应放在教师与学生(幼儿)身上。校(园)长需要引导和激发教师课程教学活动的自主性与创新性,教师则需要引导和激发学生(幼儿)课程学习的主动性,使学生(幼儿)能够在教师的指导与引领下开展高质量的自主学习、合作学习。当前中小学(幼儿园)课程教学实践中,学生(幼儿)课程学习主体性的地位并未真正确立,师生课程学习合力效应并未真切产生。究其原因在于学生(幼儿)课程学习的盲目与低效,教师未能让学生(幼儿)成为课程学习的"主人",在被动接受的过程中,降低了学生(幼儿)课程学习的品质。此外,家庭教育与学校(幼儿园)的积极配合是保证学生(幼儿)课程学习品质的重要方面,但是有相当部分的家长并不能有效地介入到学生(幼儿)的课程学习活动中,甚至产生了负向效应。因此,校(园)长的课程领导力需要创新家校(家园)合作模式,对家长进行适当的专业指导,使其更好地配合中小学(幼儿园)的日常课程教学活动,从而更好地产生家庭教育的正能量。

"课程反思力"强调两个方面,其一指向的是在课程教学全程中加强总结反思环节的力度与质量,其二指向的是促进教师课程教学实践反思能力的持续提升。二者内在关联、相互影响,共同促进课程教学质量的持续提升和教师的自主专业发展。作为课程开发与实施中的重要组成部分,课程总结反思环节,对于教师而言就是需要设置相应的专业学习时段,对课程教学实践进行较为深入的总结与反思;需要对课程性质、类型、特征、目标、内容、形式、手段和效果等主题进行实践反思。

1.3 课程领导相关研究综述

从 20 世纪 80 年代中期开始,国外学者才开始对这一领域给予高度关注,出版发表了一批研究成果。我国有关课程领导的研究仍然处于起步阶段。到目前为止,课程领导还没有一个统一而确定的定义。不同学者的研究角度不同,就有不同的理解。克鲁格(S. E. Krug)认为,"课程领导"包括五个元素:订立愿景、管理课程与教学、监督教学、监控学生进度、提高教学气氛。[①] 托马斯·J. 萨乔万尼(Thomas J. Sergiovanni)将课程领导定义为:为学校成员提供必要的支持与资源,充实教师的课程专业知识和技能,发展优质学校教育方案,促进教师间的交流与观摩,促使学校形成合作与不断改进的文化,最后把学校发展成为课程社群,达成卓

---

① KRUG S E. Instructional leadership: A Constructivist Perspective[J]. Educational administration quarterly, 1992, 28(3), p. 430 – 443.

越教育的目标。① 埃维(S. B. Eravy)和罗奇(C. S. Roach)指出课程领导的定义是结合学校课程与教学,注重学生的改进,强调教师的专业发展区。安诺斯(Andrews)和史密斯(Smith)认为课程领导者首先要处理好与学校教师的关系,才能实现课程领导。进而指出,课程领导者应在学校建立一种伙伴式的团队精神,实施权力分享,让学校教师参与学校决策,与此同时,领导者还必须帮助教师实现专业发展。②

目前,我们在国内可以查阅到的有关课程领导的国外文献共有四种,都是在课程领导研究领域极具代表性的学术专著,分别是 Leo H. Bradly 的《课程领导与发展手册》(*Curriculum Leadership and Development Handbook*);Allan A. Glatthorn 的《校长的课程领导》(*The Principal as Curriculum Leader*),Dale L. Brubaker 的《创新的课程领导》(*Creative Curriculum Leadership*)以及 J. G. Henderson & R. D. Hawthorne 合著的《革新的课程领导》(*Transformative Curriculum Leadership*)。其中,《课程领导与发展手册》出版于 1985 年,这一时期的课程领导非常重视规范学校教师的课程开发,本手册明显倾向于对课程开发进行技术性指导,带有浓重的工具色彩。20 世纪 90 年代以后,一些课程专家开始注意到,课程变革不应是局部的或孤立的事情,教育质量也不全然取决于课程本身的品质。课程变革应该是一个有机的整体变革过程。这时候所倡导的课程领导,超越了对课程开发的技术性领导,强调对学校组织的改造与文化的重塑,营造民主、合作、分享的学校氛围。在课程领导文献的用词上也发生了变化,前面加上了各种修饰性前缀,如民主的课程领导、转化的课程领导、创造性课程领导等等。《创新的课程领导》和《革新的课程领导》就是这一时期的作品。《校长的课程领导》出版于 1997 年,是为数不多的关于校长课程领导的直接研究。Allan A. Glatthorn 把课程领导分为州、学区、学校和班级四个层次,指出校长课程领导的重要意义,校长应积极地影响州和学区的课程建设,带领教师创建各自学校的课程特色,实施学校和班级层面的课程领导,进而为校长进行课程领导提供操作性的指导策略。

我国大陆地区是随着 2001 年第八次课程改革,把课程管理的部分权力下放到学校,校长的课程领导才被正式提到议事日程上来。2001 年颁布的《基础教育课程改革纲要》正式提出"为保障和促进课程对不同地区、学校、学生的要求,实行国家、地方和学校三级课程管理"。学校在执行国家课程和地方课程的同时,应视当地社会、经济发展的具体情况,结合本校的传统和优势、学生的兴趣和需要,开发或

---

① SERGIOVANNI T J. Leadership behar. contemporary issues in and excellence in schooling[M]. Boston, MA: Allyn and Bacon, 1995: 335 - 346.

② ANDREWS R L, SMITH W F. Instructional leadership: how principals make a difference[M]. AleXandria, YA: Assosiation for Supervision and CurrSculum Development. 1989: 59.

选用适合本校的课程。各级教育行政部门要对课程的实施和开发进行指导和监督,学校有权力和责任反映在实施国家课程和地方课程中所遇到的问题。在三级课程管理体制下,学校改变了以往在课程发展中的被动执行者角色,被赋予一定的课程权力。落实这部分权力离不开校长的课程领导。课程权力的下放使得校长的领导角色必须有所转变,必须从传统的行政领导,转向以课程领导为主,辅以行政领导。课程领导对校长而言是一个全新的课题,也是一个极大的挑战。如何提升校长的课程领导能力,是教育理论与实践中亟待解决的重要问题。课程领导应该是一个多层级的动态运行系统,它最终指向课程质量的提升、学生学习品质的改善以及学生身心素质的提高。课程领导是对传统课程管理术语的替代,它肯定有区别于课程管理的思想内涵:民主、权力分享、愿景目标、横纵向沟通模式等,在此思想之下它必然强调组织成员的专业发展、合作奋进的组织文化构建等。因此,本书认为课程领导即课程领导者引导组织成员共同创建愿景,在此目标指引下自主、自律、携手同心进行课程实践的活动过程。它是一个多层级的动态运行系统,通过成员专业发展、组织文化再生等,最终抵及课程品质、学生学习品性与身心素质的提升。

2002—2018 年间共有研究课程领导的相关学术论文 549 篇,其中 2002—2009年课程领导相关研究逐步增多,2009—2015 年课程领导研究的热度持续保持,且研究主题呈现出多元化的样态,研究方法及手段也日趋丰富。如图 1-1 所示。

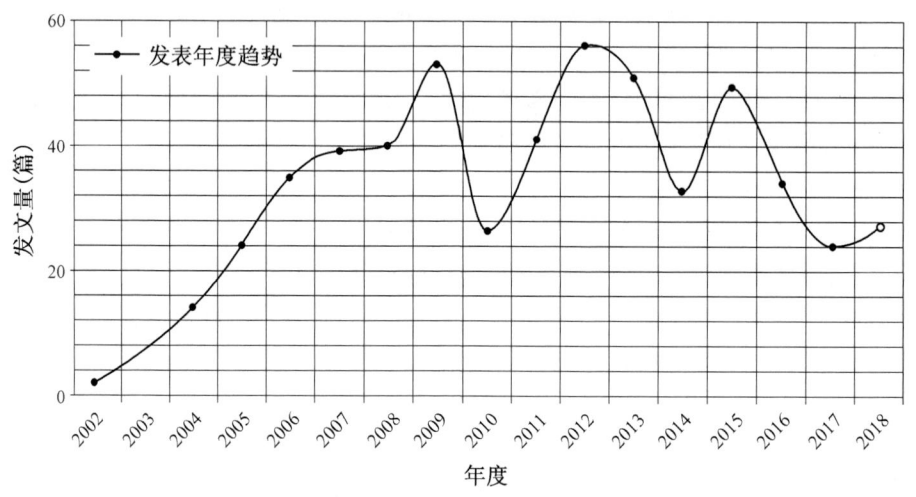

图 1-1 时间跨度的文献分析

从学科分布的角度而言,教育理论与教育管理领域的研究数量最多,中等教育、初等教育和学前教育紧随其后,这 4 个领域的研究数量之和几乎占到研究总量的 91%。但是,课程领导的相关研究依然以理论研究为主,且多聚焦于中等教育、初等教育和学前教育整体仍然偏少。如图 1-2 所示。

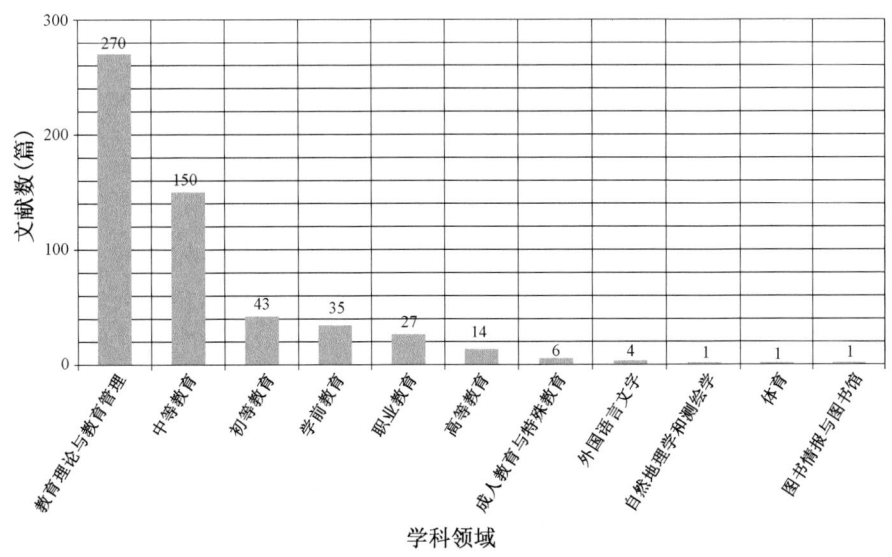

图 1－2　学科领域的文献分析

　　从已有研究的关键词而言,依次排列的有课程领导、课程领导力、校(园)长、课程改革(如图 1－3 所示)。课程领导与课程领导力的总体性研究,依然是当前研究的热点领域,且主要聚焦于校(园)长、教师群体,并能够与教师专业发展、学生发展、课程改革、校本课程等主题相契合。此外,课程管理的相关探讨也不容忽视,课程管理与课程领导的相关性也是相关研究的基本着力点。

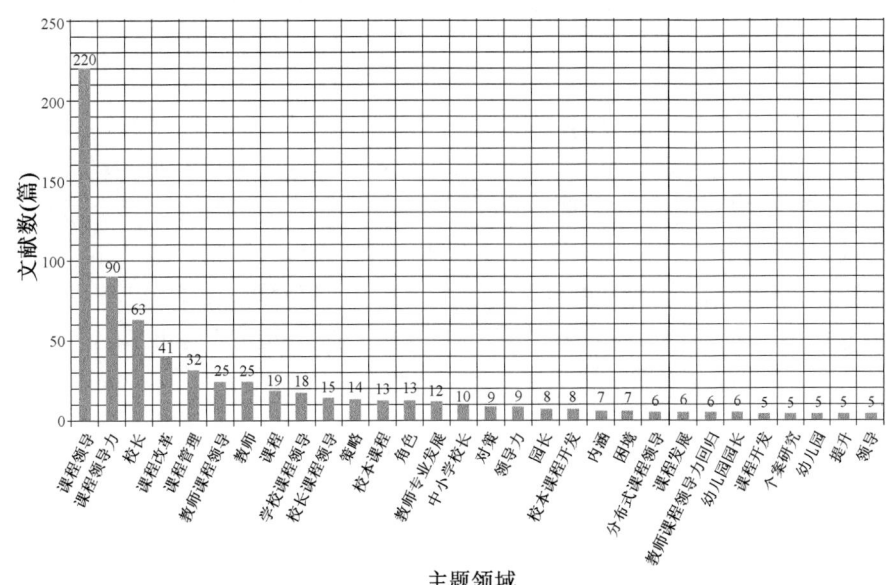

图 1－3　主题领域的文献分析

　　总体而言,课程领导与课程领导力的相关研究主要包括:对课程领导内涵的探究,即通过对国外较具代表性的课程领导的介绍与分析,认识与理解课程领导;对课程领导策略的探究,即在研究课程领导内涵的基础上,更重视如何进行课程领导;对校(园)长课程领导的相关研究,主要探讨了校(园)长进行课程领导的具体策略和措施。其中,林一钢和黄显华就认为课程领导可能遵循两个路径进行——对课程开发技术的领导和对课程文化的领导,主要是转变学校原有的一些陈旧的基本假定,形成新的教师观、学生观、知识观、学习观、教学观等,改组与改造学校组织,进而促进教师的专业发展,影响课程开发的质量。[①] 钟启泉指出课程领导是从经营或是领导的功能出发,强调诉诸自身的创意和创造力,自律、自主地驱动组织本身运行,把日常的课程实践活动作为自身的东西加以自主、创造性的实施。[②] 李定仁等认为所谓课程领导就是指为了实现课程目标,在一定条件下对课程领域的组织和人员施加影响的过程。[③] 概括说来,课程领导研究有三条途径:一是从课程工艺学出发,主要探讨理性的课程领导过程和方法,包括课程设计、课程实施和课程评价等的过程和方法;二是从课程哲学出发,主要诠释理想的课程领导,辅以课程工艺学的分析,内容包括课程领导的性质、策略、方法和技能等;三是从教育领导观出发,着重分析学校情境下的教育领导的性质、意义、方法和策略等。

　　国内外课程领导的相关研究,呈现出如下几方面的基本趋势。第一,课程领导理论和实践研究的独立性彰显。初期的课程领导研究主要借鉴企业领导的一些模式,带有某种"移植"的痕迹。这种来源于企业中的领导模式,其最大的缺陷在于忽视教育的特殊性。学校是培养人的场所,不是单纯追求利益的机构。课程领导的核心不能单纯以效率为核心,而应该以人的发展为核心。近年兴起的转型的课程领导理论、道德领导理论和分布式领导理论,体现了摆脱企业领导模式,彰显教育特殊性的旨归。第二,课程领导研究呈现多元、多极化的趋势。各种领导理论都对课程领导发展产生重要的影响,但是没有一种理论能统领课程领导的发展趋势。课程领导往往体现的是各种理论的综合,而课程领导就是在各种理论相互冲突和斗争中不断向前发展。第三,课程领导研究重心的下移。课程领导研究重心从国家、地方,逐渐转移到校长、中层领导和教师。这种课程领导研究重心下移也为校长课程领导研究提供坚实的基础。第四,课程领导呈现分权化的趋势。这种分权表现在两个方面:其一,中央集权的课程领导相对削弱,地方和学校课程领导得到加强;其二,课程领导权力主要集中于少数行政人员的状况得到改变,课程领导,人人有责。

　　综上所述,课程领导在国内外都还是一个新的研究领域。然而,我国有关课程

　　① 林一钢,黄显华.课程领导内涵解析[J].全球教育展望,2005(06):23-26.

　　② 钟启泉.从"课程管理"到"课程领导"[J].全球教育展望,2002(12):24-28.

　　③ 李定仁,段兆兵.试论课程领导与课程发展[J].课程·教材·教法,2004(02):3-7.

领导的研究仍然比较薄弱,不能满足新课程改革的实践需要。特别是关于校(园)长课程领导的研究还只是处于起步阶段,对于校(园)长课程领导的内涵与意义、校(园)长在课程领导中的角色与任务,以及校(园)长在课程领导中所面临的困境及对策等一系列现实问题,都需要进一步深入探讨,这对于实现校(园)长有效的课程领导有着极强的现实意义。就当前校(园)长课程领导实际状况来看,校(园)长对课程领导的重视程度不够,课程领导的理论与实务能力仍然呈现出较大的不足或缺失。有不少校(园)长尚未走出传统的行政领导方式,或不重视课程领导,没有形成课程领导的基本理念,或不懂得如何进行课程领导,缺乏课程领导的基本策略。总之,无论是在理论借鉴上还是在实践操作上,校(园)长课程领导问题的研究仍然有很大空间,值得我们继续深入探索。

　　就中小学校长课程领导相关研究而言,多涉及校长课程领导的定义、功能、角色、任务、策略、措施、原则等,国内外研究者们共同认为,现代的校长不应满足于"行政权威",而应成为真正的"专业权威"。罗杰斯(Diana R. Rogers)和泽纳(R. C. Zeanah)等人的先行研究指出,每一个教育工作的参与者如何在改革实践进程中提升课程领导的意识与能力,本质上是一个如何从"行政权威"走向"专业权威"的课题。具体而言,其一,尽管研究者们在解读校长课程领导的定义时切入的角度不同,但其核心理念大致如下:确定理念、塑造愿景、共享资源、建构对话、形成专业社区、发展专业知能、打造学校文化、提升学习品质。基于此,校长作为课程领导者,应不断加强学习,掌握一定的课程理论,采取民主的、相互沟通的领导方式,扮演教育理想家、课程与教学改革者、协同合作者、共同学习者、公开支持者、知识的建构者等角色,以摆脱传统的管理模式,关注真实的教育情境,回应知识的革新和社会变迁的需要,整合个人、社群、组织、社区以及文化的需求,重视教师的专业发展。实际上,校长课程领导的最终目的,在于通过课程革新为学生提供更加适切的学习机会从而促进其发展。其二,校长的课程领导研究大多是从某一侧面或视角展开的。在校长的课程领导研究中,存在研究方法和研究焦点的问题。就前者而言,表现为经验科学研究(基于理论与实证的科学研究)滞后。以往的校长管理理论大部分具有实践体验论或是规范论的性质,许多论述都是校长的领导作用或职务权限或学校管理方面的作为经验论和规范论的论述,关于校长专业发展的系统的实证研究几乎没有。就后者而言,研究焦点往往集中于校长的地位与作用,聚焦校长职务行为本身的研究极少。就是说,缺乏校长专业发展与职业行为的关联研究。揭示校长的课程领导行为与专业发展的关系,这些议题是今后校长课程领导研究的重点。

　　就幼儿园课程领导的相关研究而言,围绕幼儿园工作的特殊性,幼儿园课程领导即是在幼儿园课程的设计、开发、实施与评价的各个环节中,把握幼儿教育真谛、引领幼儿教师专业发展、提升幼儿学习品质,进而关注幼儿园共同愿景的塑造和幼儿园共同体建设等,这已经成为当下幼儿园内涵发展及其课程改革不能回避的热点问题。然而,已有的幼儿园课程领导研究总体不足,且并未跳出中小学课程领导研究的基本框架,并未充分考量幼儿园课程理解与创生的独特性和场域性。具体而言,一般性理论探析居多,且未契合到幼儿园课程的规律与特点;国际视野下幼儿园课程领导的比较研究相对匮乏,理论移植现象多于实践探索的经验分享;园长课程领导力的研究相对聚焦,且多以案例研究与行动研究为主,缺乏区域间的对比分析与经验共享。

第2章　课程领导与校(园)长的专业发展

中小学校长与幼儿园园长的工作环境充满了复杂性、挑战性和变革性,用专业标准来指引校(园)长的专业实践与专业发展既符合国际教育发展的重要走向,也是在理论探讨与实践创新层面促进校(园)长课程领导的关键所在。

2.1　校(园)长的专业发展

从全球范围来看,近十年来,各国政府或专业协会都积极推动校(园)长专业标准的研制与实施,美国、英国、加拿大、新西兰、荷兰、澳大利亚、瑞典等国都相继出台相关专业标准。各国的专业标准在校(园)长的招募与选拔、培养与培训等方面都发挥了不同程度的作用。从各国的实施经验来看,专业标准的制定只是第一步,如何在实践中得以贯彻落实、切实发挥专业标准的作用则是校(园)长专业化理论与实践创新的关键。作为校(园)长专业化的基础,专业标准本质上就是校(园)长专业素质标准,即指校(园)长的专业知识、专业能力、专业精神通过不断更新和完善最终所要达到的程度与水平,是衡量校(园)长职业是否达到专业阶段的标志和尺度,更是制定校(园)长任职资格标准、培训课程标准、考核评价标准的重要依据。

2.1.1　专业发展与专业标准

校(园)长是中小幼教育事业的领航者,对于基础教育和学前教育的变革与发展具有决定性的价值及意义。20世纪80年代以来,我国部分中小学试行校长负责制,幼儿园试行园长负责制,到20世纪末基本得到了普遍施行。到了21世纪,校(园)长队伍建设被摆在了重要位置,体现在一系列国家教育法律法规和教育方针政策之中。

《中华人民共和国教育法》(2015修正)中指出,"学校及其他教育机构的校长或者主要行政负责人必须由具有中华人民共和国国籍、在中国境内定居、并具备国家规定任职条件的公民担任,其任免按照国家有关规定办理。学校的教学及其他行政管理,由校长负责……学校及其他教育机构中的管理人员,实行教育职员制度"。

《中华人民共和国义务教育法》(2018修正)中指出,"学校实行校长负责制。校长应当符合国家规定的任职条件。校长由县级人民政府教育行政部门依法聘任……县级人民政府教育行政部门应当均衡配置本行政区域内学校师资力量,组织校长、教师的培训和流动,加强对薄弱学校的建设"。

《中共中央　国务院关于全面深化新时代教师队伍建设改革的意见》中指出,"加强中小学校长队伍建设,努力造就一支政治过硬、品德高尚、业务精湛、治校有方的校长队伍。面向全体中小学校长,加大培训力度,提升校长办学治校能力,打造高品质学校。实施校长国培计划,重点开展乡村中小学骨干校长培训和名校长研修……推行中小学校长职级制改革,拓展职业发展空间,促进校长队伍专业化建设"。

《中共中央　国务院关于深化教育教学改革全面提高义务教育质量的意见》中指出,"提升校长实施素质教育能力。校长是学校提高教育质量的第一责任人,应经常深入课堂听课、参与教研、指导教学,努力提高教育教学领导力。尊重校长岗位特点,完善选任机制与管理办法,推行校长职级制,努力造就一支政治过硬、品德高尚、业务精湛、治校有方的高素质专业化校长队伍。加大校长特别是乡村学校校长培训力度,开展校长国内外研修。倡导教育家办学,支持校长大胆实践,创新教育理念、教育模式、教育方法,营造教育家脱颖而出的制度环境"。

《幼儿园工作规程》中指出,"幼儿园园长负责幼儿园的全面工作,主要职责包括:(1)贯彻执行国家的有关法律、法规、方针、政策和地方的相关规定,负责建立并组织执行幼儿园的各项规章制度;(2)负责保育教育、卫生保健、安全保卫工作;(3)负责按照有关规定聘任、调配教职工,指导、检查和评估教师以及其他工作人员的工作,并给予奖惩;(4)负责教职工的思想工作,组织业务学习,并为他们的学习、进修、教育研究创造必要的条件;(5)关心教职工的身心健康,维护他们的合法权益,改善他们的工作条件;(6)组织管理园舍、设备和经费;(7)组织和指导家长工作;(8)负责与社区的联系和合作"。

然而,由于日常教育工作的烦琐性与行政工作的复杂性,校(园)长在专业实践中,一直存在着重视行政级别、重视日常管理,而忽视自身的专业发展、忽视领导素养提升的现象,从而导致校(园)长的专业理念与定位模糊、专业意识与能力不强,且缺乏可持续的专业发展策略等。基于此,在参照国际经验和现状调研的基础上,2013年,教育部正式颁布了《义务教育学校校长专业标准》(简称《专业标准》),提出了基于义务教育阶段校长专业角色定位的5项基本理念,即"以德为先""育人为本""引领发展""能力为重""终身学习";6项专业职责导向,即"规划学校发展""育人文化营造""课程教学领导""教师成长引领""优化内部管理""调试外部环境"。尽管该标准并未涉及幼儿园园长层面,但对整个中小幼阶段的校(园)长专业化发展具有重要的指导与引领价值。2015年,为贯彻党的十八届三中、四中全会精神,落实教育规划纲要和《国务院关于加强教师队伍建设的意见》(国发〔2012〕41号),构建教师队伍建设标准体系,建设高素质幼儿园园长队伍,教育部研究制定并颁布了《幼儿园园长专业标准》。这是对幼儿园合格园长专业素质的基本要求,是引领幼儿园园长专业发展的基本准则,是制定幼儿园园长任职资格标准、培训课程标准、考核评价标准的重要依据。事实上,在上述三个专业标准中,都关涉到了校

(园)长课程领导的相关内容,并指向于课程教学的改革趋向,指向于教师的专业发展与学生的学习品质,这也是课程领导的核心意蕴。

2.1.2　校(园)长专业标准的价值分析

基于校(园)长的专业共性与特性,探讨校(园)长专业实践与专业发展的认证、许可与评估工作,具有重要的理论价值与现实意义。校(园)长专业标准是一个系统工程,不仅包含专业标准的制定与实施,还包括基于标准的专业认证、许可与评估。建立标准指导下的校(园)长专业认证、许可与评估是专业标准实施的重要基石。因此,集中探讨校(园)长专业标准的认证、许可与评估工作,并将工作重心指向校长行为绩效与培训学习的评估与指导,有利于促进校(园)长的可持续专业发展以及整个中小幼教育系统的健康发展。

基于校(园)长专业标准的制定与实施,探索校(园)长培训模式的改革与创新,具有重要的理论价值与现实意义。我国校(园)长培训工作中存在顶层设计与培训对象的现实差距问题、专家资源与培训需求的供小于求问题、培训效果与质量监测的"主观偏好"问题等。这些问题的解决需要对照《专业标准》,参考5项基本理念、6项专业职责导向以及60条具体内容,采取培训规划的合理统筹与协调策略、针对需求与方向引领的培训策略、加强追踪和科学评估的质量策略等,进而提升培训工作的科学性和有效性。

《义务教育学校校长专业标准》《普通高中校长专业标准》和《幼儿园园长专业标准》所关涉的5项基本理念,尽管稍有差异,但总体上都重视"以德为先、育人为本(幼儿为本)、引领发展、能力为重和终身学习"。这5项基本理念与校(园)长课程领导具有内在的相通性,共同指向于校(园)长的专业发展,指向于中小学与幼儿园的内涵式发展。具体而言,5项基本理念包括以下内容。

1. 以德为先

校(园)长专业发展的根基就是"以德为先"。首先,注重正确的政治方向和社会主义核心价值观,其关键在于坚持党对教育工作的领导,贯彻党和国家的教育方针政策。其次,注重依法治教,既强调法律所赋予校(园)长的权利和义务,也要求主动维护学生(幼儿)的合法权益。最后,强调理想信念和职业道德,热爱教育事业和管理工作,既具有教师职业道德修养,也具有教育领导修养;既强调家国情怀与社会责任感,也重视个人的职业道德规范。这与课程领导所关涉的道德领导具有内在的一致性,且符合中小学和幼儿园教育工作的特殊性。"以德为先"的专业理念,参见表2-1。

表 2 - 1 "以德为先"的专业理念

	基本理念
幼儿园园长专业标准	1. 坚持社会主义办园方向和党对教育工作的领导,贯彻党和国家的教育方针政策,将社会主义核心价值观融入幼儿园工作,履行法律赋予园长的权利和义务,主动维护儿童合法权益。 2. 热爱学前教育事业和幼儿园管理工作,具有服务国家、服务人民的社会责任感和使命感。 3. 践行职业道德规范,立德树人,关爱幼儿,尊重教职工,为人师表,勤勉敬业,公正廉洁。
义务教育学校校长专业标准	1. 坚持社会主义办学方向和党对教育工作的领导,贯彻党和国家的教育方针政策。积极培育和践行社会主义核心价值观,将社会主义核心价值体系融入学校教育全过程,依法履行法律赋予的权利和义务。 2. 热爱教育事业和学校管理工作,具有服务国家、服务人民的社会责任感和使命感。 3. 履行职业道德规范,为人师表,公正廉洁,勤勉敬业,关爱师生,尊重师生人格。
普通高中校长专业标准	1. 坚持社会主义办学方向和党对教育工作的领导,贯彻党和国家的教育方针政策。积极培育和践行社会主义核心价值观,将社会主义核心价值体系融入学校教育全过程,依法履行法律赋予的权利和义务。 2. 热爱教育事业和学校管理工作,具有服务国家、服务人民的社会责任感和使命感。 3. 履行职业道德规范,为人师表,公正廉洁,勤勉敬业,关爱师生,尊重师生人格。

2. 育人为本(幼儿为本)

育人为本(幼儿为本)共同地指向于学生(幼儿)的健康与学习,注重公平与质量,强调全面和谐与个性发展,这符合课程领导所重视的核心价值,回归学生(幼儿)的生活品质与学习品质。首先,健康成长是出发点和落脚点,这也是核心素养的基本领域。健康生活是指学生(幼儿)在认识自我、发展身心、规划人生等方面的综合表现,包括珍爱生命、健全人格、自我管理等基本要点。敬畏生命是人的本能,教会学生(幼儿)认识与珍爱生命既是一种教育取向,也是一种教育诉求。健全人格是指以正面、积极的态度来对待自己周围的人和事,学会积极调解情绪,做一个自立、自信、自尊、自强和幸福的进取者。进入到中小学阶段,自我管理是赋予学生权力让学生学会自我管理。其次,促进发展是终极目的,而能力素养提升则是发展的价值所在。全面和谐发展对应着德、智、体、美、劳综合能力的提升,个性发展则是遵循人的发展的差异性和不均衡性规律,强调因材施教。最后,公平与质量的双重提升。教育公平既包括机会的平等,也注重过程和结果的平等,公平地对待每一位学生(幼儿),这是校(园)长管理工作的基本要求。同时树立正确的人才观和科学的质量观,全面实施素质教育,深化课程改革,也是校(园)长专业发展的内在要求,也符合课程领导的应有之意。"育人为本(幼儿为本)"的专业理念,参见表 2-2。

表 2-2　"育人为本(幼儿为本)"的专业理念

	基本理念
幼儿园园长专业标准	1. 坚持幼儿为本的办园理念,把促进幼儿快乐健康成长作为幼儿园工作的出发点和落脚点,让幼儿度过快乐而有意义的童年。 2. 面向全体幼儿,平等对待不同民族、种族、性别、身体状况及家庭状况的幼儿。 3. 尊重个体差异,提供适宜教育,促进幼儿富有个性的全面发展。 4. 树立科学的儿童观与教育观,使每个幼儿都能接受有质量的教育。
义务教育学校校长专业标准	1. 坚持育人为本的办学宗旨,把促进每个学生健康成长作为学校一切工作的出发点和落脚点,扶持困难群体,推动平等接受教育。 2. 遵循教育规律,注重教育内涵发展,始终把全面提高义务教育质量放在重要位置,使每个学生都能接受有质量的义务教育。 3. 树立正确的人才观和科学的质量观,全面实施素质教育,为每个学生提供适合的教育,促进学生生动活泼的发展。
普通高中校长专业标准	1. 坚持育人为本的办学宗旨,充分认识立德树人是培养社会主义建设者和接班人的本质要求。把促进每个学生健康成长作为学校一切工作的出发点和落脚点,为学生发展提供多样化的选择,积极探索培养创新人才的途径。 2. 遵循教育规律,注重教育内涵发展,始终把全面提高学生综合素质放在重要位置。 3. 树立正确的人才观和科学的质量观,全面实施素质教育,不断深化课程改革,为每个学生提供适合的教育,促进学生全面而有个性的发展。

3. 引领发展

　　校(园)长需要重视内涵式发展,尤其是要引领教师的专业发展,提升教师的专业素质,这是校(园)长"教育领航者"的角色定位,也是课程领导的基本诉求,同时能够充分顺应课程改革的基本趋向。教师的专业发展与课程教学的改革需要同步前行,这就需要校(园)长在组织层面、制度层面以及人力资源等层面,提升教育管理的效能。具体来说:首先,明确"带头人"的身份与角色,将学校(幼儿园)发展与教师专业发展统合起来,通过各种手段或方法,提升教育质量,最终促进学生(幼儿)的全面发展与个性发展;其次,重视组织建设与制度设计,建立健全各项规章制度,强调目标管理和绩效管理,实施科学管理、民主管理,推动组织发展与教育质量提升;最后,尊重教师专业发展的内在规律,不断激发教师专业发展的内在动力,引领教师专业发展的科学路径,谋求教师专业发展的有效策略,最终促进学校(幼儿园)、学生(幼儿)和教师三者之间的可持续健康发展。"引领发展"的专业理念,参见表 2-3。

表 2-3 "引领发展"的专业理念

	基本理念
幼儿园园长专业标准	1. 园长作为幼儿园改革与发展的带头人,担负引领幼儿园和教师发展的重任。把握正确的办园方向,坚持依法办园,建立健全幼儿园各项规章制度,实施科学管理、民主管理,推动幼儿园可持续发展。 2. 尊重教师专业发展规律,激发教师自主成长的内在动力。
义务教育学校校长专业标准	1. 校长作为学校改革发展的带头人,担负着引领学校和教师发展、促进学生全面发展与个性发展的重任。 2. 将发展作为学校工作的第一要务,秉承先进教育理念和管理理念,建立健全学校各项规章制度,完善学校目标管理和绩效管理机制,实施科学管理、民主管理,推动学校可持续发展。
普通高中校长专业标准	1. 校长作为学校改革发展的带头人,担负着引领学校和师生发展的重任。 2. 树立正确的学校发展观,将发展作为学校工作的第一要务,秉承先进教育理念和管理理念,建立健全现代学校制度,完善学校管理机制,依法治校,实施科学管理、民主管理,推动学校可持续、有特色的发展。

4. 能力为重

在教育改革不断走向深入的时代背景下,校(园)长需要实现自身发展的不断超越,其关键就在于专业能力素养的全面提升,这也是校(园)长完成自身职责与使命的内在要求。一方面,校(园)长需要实现教育理念与管理理念的不断更新,对中小学(幼儿园)的内涵发展起到引领与指导作用,并突出校(园)长的领导力、执行力以及实践能力与创新能力;另一方面,校(园)长的专业能力包括规划学校(幼儿园)发展、营造育人文化、领导课程教学(领导保育教育)、引领教师成长、优化内部管理、调适外部环境等,而领导课程教学(领导保育教育)是校(园)长课程领导的基本诉求,也是提升中小学(幼儿园)教育质量的根本所在。此外,能力为重还特别强调校(园)长的实践反思能力,注重专业经验和管理经验的持续累积、内在省思、研修分享以及自我提升等。"能力为重"的专业理念,参见表 2-4。

表 2-4 "能力为重"的专业理念

	基本理念
幼儿园园长专业标准	1. 秉承先进教育理念和管理理念,突出园长的领导力和执行力。不断提高规划幼儿园发展、营造育人文化、领导保育教育、引领教师成长、优化内部管理和调适外部环境等方面的能力。 2. 坚持在不断的实践与反思过程中,提升自身的专业能力。
义务教育学校校长专业标准	1. 将教育管理理论与学校管理实践相结合,突出学校管理的实践能力和创新能力。 2. 不断提高与完善规划学校发展、营造育人文化、领导课程教学、引领教师成长、优化内部管理和调适外部环境等方面的能力。 3. 坚持实践、反思、再实践、再反思,强化专业能力提升。

(续表)

	基本理念
普通高中校长专业标准	1. 将教育管理理论与学校管理实践相结合,重在实践,勇于创新。 2. 不断提高规划学校发展、营造育人文化、领导课程教学、引领教师成长、优化内部管理和调适外部环境等方面的能力。 3. 坚持实践、反思,再实践、再反思,强化专业能力提升。

5. 终身学习

终身学习是学习型社会的基本诉求,是指社会成员为适应社会发展和实现个体发展的需要,贯穿于人的一生的、持续的学习过程。终身学习理念具有终身性、全民性、广泛性等特点,注重培养主动的、合作的、探究的专业学习方式及习惯。聚焦到校(园)长,终身学习的理念是其自身专业发展的基本要求,也是其改进工作的重要途径。在专业知识结构方面,需要提高科学文化艺术素养,增强法治观念,这有利于提升校(园)长的专业威信;在专业经验系统方面,需要具有国际视野,了解国内外教育改革的最新动态,紧随教育改革的国际趋势,这有利于开阔校(园)长的专业视野。此外,需要高度重视学习型组织建设,立足学习共同体,促进中小学(幼儿园)的内涵式发展,不断提高教育的质量与水平。

学习型组织是美国学者彼得·圣吉在《第五项修炼》一书中提出的管理观念,其含义为面临变化剧烈的外在环境,组织应力求精简、扁平化、弹性因应、终生学习、不断自我组织再造,以维持竞争力。学习型组织包括五项要素:建立共同愿景、团队学习、改变心智模式、自我超越、系统思考。校(园)长同样需要重视学习型组织建设,通过有效的课程领导,促进共同愿景的创建,提升团队学习的质量,改变组织与教师的心智模式,实现学生(幼儿)、教师和学校(幼儿园)的超越式发展。"终身学习"的专业理念,参见表2-5。

表 2-5 "终身学习"的专业理念

	基本理念
幼儿园园长专业标准	1. 牢固树立终身学习的观念,将学习作为园长专业发展、改进工作的重要途径。 2. 优化专业知识结构,提高科学文化艺术素养。 3. 与时俱进,及时了解国内外学前教育改革与发展的趋势。 4. 注重学习型组织建设,使幼儿园成为园长、教师、家长与幼儿共同成长的家园。
义务教育学校校长专业标准	1. 牢固树立终身学习的观念,将学习作为改进工作的不竭动力。 2. 优化知识结构,提高自身科学文化素养。 3. 与时俱进,及时把握国内外教育改革与发展的趋势。 4. 注重学习型组织建设,使学校成为师生共同学习的家园。
普通高中校长专业标准	1. 牢固树立终身学习的观念,将学习作为校长专业发展和改进工作的重要途径。 2. 优化知识结构,提高自身科学文化素养,增强法治观念。 3. 与时俱进,及时了解国内外教育改革与发展的趋势。 4. 注重学习型组织建设,将学校建成师生共同学习的精神家园。

2.1.3 基于专业标准的校(园)长认证与许可

校(园)长任职资格培训制度和持证上岗制度,是校(园)长队伍建设的重要保障,必须高度重视,严格执行,把好校(园)长入口关。教育部《中小学校长培训规定》(教育部令〔1999〕第 8 号)和《教育部关于进一步加强中小学校长培训工作的意见》(教师〔2013〕11 号)明确要求:"新任校长必须取得'任职资格培训合格证书',持证上岗。""任职资格培训:按照中小学校长岗位规范要求,对新任校长或拟任校长进行以掌握履行岗位职责必备的知识和技能为主要内容的培训。培训时间累计不少于 300 学时。""幼儿园园长、特殊教育学校校长培训参照本规定执行。"

任职资格培训的重点是提升校(园)长依法治校的能力。校(园)长应树立正确的办学思想,具备履行职责必备的思想政治素质、道德品质素质、教育科学素质、文化素质和依法治校的能力,达到教育部关于校(园)长专业标准的基本要求,主要包括:中国特色社会主义的理论与实践、社会主义核心价值观与实践;党和国家的教育路线、方针、政策、法规和素质教育与课程改革的理论与实践;中小学校长(幼儿园园长)职业道德的理论与实践;中小学校长(幼儿园园长)规划学校(幼儿园)发展、营造育人文化、引领教师专业成长、领导课程与教学、保育与教育、优化内部管理、调适外部环境的理论与实践;中外教育思想和教育改革与发展的动态;中外优秀文化和地域文化等。

2.1.4 校(园)长对"领导课程教学"的理解与认识

中小学校长和幼儿园园长领导课程教学是其作为"教育者"的基本诉求,也符合日常专业实践的现实需要。抛开中小学和幼儿园教育教学工作的差异性,在课程建设与教学活动中都需要围绕"学生/幼儿为本"的核心理念,并指向于全面和谐发展与个性发展,重视学习品质的培养与提升。事实上,全面和谐发展与个性发展是辩证统一的,而学习品质则是自主发展的关键所在。这也是中小学和幼儿园教育教学活动、课程教学改革需要坚守的根本所在。以《3—6 岁儿童学习与发展指南》和《中国学生发展核心素养》为例,作为幼儿园和中小学教育改革的"风向标",它们都重视幼儿/学生的全面核心发展及其学习品质。其中,《3—6 岁儿童学习与发展指南》提出,第一,遵循幼儿的发展规律和学习特点。珍视幼儿生活和游戏的独特价值,充分尊重和保护其好奇心和学习兴趣,创设丰富的教育环境,合理安排一日生活,最大限度地支持和满足幼儿通过直接感知、实际操作和亲身体验获取经验的需要,严禁"拔苗助长"式的超前教育和强化训练。第二,关注幼儿身心全面和谐发展。要注重学习与发展各领域之间的相互渗透和整合,从不同角度促进幼儿全面协调发展,而不要片面追求某一方面或几方面的发展。第三,尊重幼儿发展的个体差异。既要准确把握幼儿发展的阶段性特征,又要充分尊重幼儿发展连续性进程上的个体差异,支持和引导每个幼儿从原有水平向更高水平发展,按照自身的速度和方式到达《3—6 岁儿童学习与发展指南》呈现的发展"阶梯"，切忌用"一把尺子"衡量所有幼儿。《中国学生发展核心素养》提出，"自主性是人作为主体的根本属性。自主发展，重在强调能有效管理自己的学习和生活，认识和发现自我价值，发掘自身潜力，有效应对复杂多变的环境，成就出彩人生，发展成为有明确人生方向、有生活品质的人。学会学习主要是学生在学习意识形成、学习方式方法选择、学习进程评估调控等方面的综合表现。具体包括乐学善学、勤于反思、信息意识等。其中，乐学善学是指能正确认识和理解学习的价值，具有积极的学习态度和浓厚的学习兴趣，能养成良好的学习习惯，掌握适合自身的学习方法，能自主学习，具有终身学习的意识和能力等；勤于反思是指具有对自己的学习状态进行审视的意识和习惯，善于总结经验，能够根据不同情境和自身实际，选择或调整学习策略和方法等；信息意识是指能自觉、有效地获取、评估、鉴别、使用信息，具有数字化生存能力，主动适应'互联网＋'等社会信息化发展趋势，具有网络伦理道德与信息安全意识等"。

遵循不同阶段教育教学的规律性，幼儿园需要坚持保教结合的基本原则，中小学需要重视因材施教。幼儿园课程教学活动需要充分体现生活化、游戏化的特性，中小学则逐步强调分科教育的特殊性，并重视课程教学的多样性与可选择性，从而促进学生的全面核心发展。此外，中小学和幼儿园都需要重视教师与课程教学改革的同步前行，共同关注教育教学经验与智慧的专业分享。

事实上，在校（园）长六大专业职责中，校（园）长领导课程教学是提升中小学（幼儿园）教育质量的关键环节。作为教育质量的第一责任人，校（园）长身负宏观层面上领导课程教学的职责。课程改革是"硬道理"，教学改进是"硬功夫"，最终是要促进学生（幼儿）的全面和谐发展与个性发展。同时，课程教学改革最终发生在课堂上，教师是关键，校（园）长的责任是领导而非包办代替，校（园）长要引导教师从自身条件与学生需要出发，提升教育教学质量，促进其学习品质的全面提升。①

综上所述，校（园）长对"领导课程教学"的理解与认识，参见表 2 - 6。

表 2 - 6　校（园）长对"领导课程教学"的理解与认识

	理解与认识
幼儿园园长专业标准	1. 坚持保教结合的基本原则，把幼儿的安全与健康放在首位，对幼儿发展有合理期望。 2. 珍视游戏和生活的独特价值，尊重和保护幼儿的好奇心和学习兴趣，重视幼儿良好的学习品质培养。将人际交往和社会适应作为幼儿良好社会性发展的重要内容。不得以任何形式提前教授小学内容，防止和克服幼儿园教育"小学化"倾向。 3. 尊重教师的保育教育经验和智慧，积极推进保育教育改革。

---

① 仇忠海,徐红.超越标准:校长专业标准[M].上海:上海教育出版社,2016:76.

（续表）

	理解与认识
义务教育学校校长专业标准	1. 坚持面向全体学生，因材施教，全面提高教育教学质量。 2. 尊重教育教学规律，注重培养学生的责任意识、创新精神和实践能力。 3. 尊重教师的教学经验和智慧，积极推进教学改革与创新。
普通高中校长专业标准	1. 充分认识课程教学是提高学校教育质量的关键环节。发挥各学科育人作用，促进全体学生的全面发展，重视学生社会责任感、创新精神和实践能力的培养，提高学生的综合素质。 2. 重视课程的多样性和选择性，增强学生学习的自主性，丰富学生的学习经验，注重学思结合、知行统一、因材施教，促进学生个性健康发展。 3. 尊重教师的教学经验和智慧，重视课程教学研究，积极推进教学改革与创新。

2.1.5 校（园）长"领导课程教学"的专业知识与方法

校（园）长领导课程教学需要具备较为全面的专业知识与方法，既符合课程教学改革的内在规律，也需要回应课程政策的专业指向。一般而言，"领导课程教学"的专业知识与方法包括"目标、政策、经验、技术"等。具体而言：第一，目标类的知识与方法指向于"中小学不同阶段的培养目标和幼儿园保育教育目标"，强调对目标的科学理解与合理定位，并建立中小幼教育教学的目标系统，服务于教师的日常专业实践；第二，政策类的知识与方法指向于"指导性的政策文本"，幼儿园园长需要理解和把握《3—6岁儿童学习与发展指南》《幼儿园规程》等纲领性文件，进而引领和指导幼儿园环境创设、幼儿园一日生活、游戏活动等教育活动的组织与实施，中小学校长则需要理解和把握课程标准及相关课程政策，进而引领和指导中小学的课程规划、编制、开发、实施与评价等；第三，经验类的知识与方法指向于"国内外课程教学的改革经验"，幼儿园园长需要了解国内外幼儿园保育教育的发展动态和改革经验，中小学校长也需要了解国内外中小学课程教学改革的经验和发展动态；第四，技术类知识与方法指向于"现代信息技术的应用"，校（园）长不仅需要掌握信息技术在教育领域应用的一般原理与方法，而且能够促进智慧校园的全面建设，提升教育教学的信息化水平。

需要特别强调的是校（园）长要重视对课程政策的理解与思考，并能够付诸行动之中。课程政策是国家教育行政主管部门在一定社会秩序和教育结构的范围内，为了调整课程权力和不同需要，调控课程运行的目标和方式而制定的行动纲领和准则。概括起来主要有这样一些特征：第一，课程政策是一种行动的准则，即是说，它不是一种很具体的解决特定问题的方法，而是一种行动纲领或路线，它要解决的是较重大的并带有普遍性的问题；第二，课程政策具有明显的针对性，它是为课程目标服务的，没有目标就无所谓课程政策，当然只有目标没有改策，目标也无从实现；第三，课程政策的基本思想及其变革主要通过一系列课程计划、学科课程标准、教学用书等的变革来体现;第四,课程政策从制定到颁布再到实施都要依照一定的程序。事实上,课程政策的着重点在于解决"由谁来决定我们的课程"或"课程权力的分配问题",它的构成要素主要有三个,即课程政策目标(反映政策的方向、目的和所要解决的课程问题)、课程政策载体(手段和工具,具有保证实现课程目标的作用)、课程政策主体(课程政策的制定者和政策执行者)。[①] 因此,我们可以说,课程政策是国家用文件形式规定的有关中小学和幼儿园课程设置、设计和实施必须遵循的程序和准则,包括教材、教辅、玩教具的使用,其实质是课程权力的分配,其内容包括课程设计、课程计划、课程实施、课程评价等。基于此,校(园)长应该从学生(幼儿)的角度,立足其身心发展的内在规律性,科学地运用课程理论指导课程实践,合理地遵循课程政策指导课程改革,提供课程实施的质量与效益。[②]

表 2-7 校(园)长"领导课程教学"的专业知识与方法

	专业知识与方法
幼儿园园长专业标准	1. 掌握国家关于幼儿不同年龄阶段的发展目标和幼儿园保育教育目标。 2. 熟悉幼儿园环境创设、幼儿园一日生活、游戏活动等教育活动组织与实施的知识和方法。 3. 了解国内外幼儿园保育教育的发展动态和改革经验,了解教育信息技术在幼儿园管理和保育教育活动中应用的一般原理和方法。
义务教育学校校长专业标准	1. 掌握学生不同发展阶段的培养目标和课程标准。 2. 了解课程编制、课程开发与实施、课程评价的相关知识和教材、教辅使用的政策以及国内外课程教学改革的经验。 3. 掌握课堂教学以及教育信息技术应用的一般原理与方法。
普通高中校长专业标准	1. 熟悉中小学课程政策,了解国内外高中课程教学改革的经验和发展动态。 2. 熟知学生成长和发展规律,掌握课程教学基本理论知识和课程规划、开发、实施与评价相关技能。 3. 掌握信息技术在教育领域应用的一般原理与方法。

2.1.6 校(园)长"领导课程教学"的专业能力与行为

校(园)长领导课程教学需要具备较为扎实的专业能力素养,一方面能够引领和指导校本化、园本化的课程建设改革,一方面切实推进中小幼教师的教学改革创新,这也是校(园)长课程领导的应有之意。具体而言,第一,立足课程政策及特性,加强课程建设的方案设计与行动落实。幼儿园园长需要立足园本化、生活化和游戏化的课程特性,落实国家关于保育教育的相关规定,依据幼儿园实际,组织制定并科学实施保育教育活动方案,而且指导幼儿园教师根据每个幼儿的发展需要,制定个性化的教育方案,组织开展灵活多样的教育活动;中小学校长则需要统筹规划

---

① 胡东芳.论课程政策的定义、本质与载体[J].教育理论与实践,2001(11):49-53.
② 仇忠海,徐红.超越标准:校长专业标准[M].上海:上海教育出版社,2016:76-77.

和科学落实国家、地方、学校三级课程,并着力确保国家课程、地方课程的落实,推动校本课程的开发与实施,创建具有本校特色的学校课程体系,开设多种形态、适应学生发展需要的选修课,为学生提供丰富多样的课程学习资源。第二,通过听(评)课等形式,科学评价、有效激励,促进教育教学质量的全面提升。幼儿园园长利用日常观察、观摩活动等方式,及时了解、评价保育教育状况并给予建设性反馈;中小学校长深入课堂听课并对课堂教学进行指导,建立健全课程教学管理制度和教学质量测评、分析与改进机制,并对课堂教学进行指导,每学期听(评)课不少于地方教育行政部门规定的课时数量。第三,重视教研活动和教学改革。幼儿园园长需要领导和保障保育教育研究活动的开展,提升保育教育水平;中小学校长需要通过校本研修尤其是教研活动,服务于教师的教学改革创新,服务于学生的综合素质提升,并加强对学生职业生涯规划的指导,拓宽学生的成才渠道。校(园)长"领导课程教学"的专业能力与行为,参见表2-8。

表2-8 校(园)长"领导课程教学"的专业能力与行为

	专业能力与行为
幼儿园园长 专业标准	1. 落实国家关于保育教育的相关规定,立足本园实际,组织制定并科学实施保育教育活动方案。 2. 具备较强的课程领导和管理能力,指导幼儿园教师根据每个幼儿的发展需要,制定个性化的教育方案,组织开展灵活多样的教育活动。 3. 建立园长深入班级指导保育教育活动制度,利用日常观察、观摩活动等方式,及时了解、评价保育教育状况并给予建设性反馈。 4. 领导和保障保育教育研究活动的开展,提升保育教育水平。
义务教育 学校校长 专业标准	1. 有效统筹国家、地方、学校三级课程,确保国家课程、地方课程的落实,推动校本课程的开发与实施,为学生提供丰富多样的课程教学资源。 2. 认真落实义务教育课程标准,切实减轻学生过重课业负担,不得随意提高课程难度,不得挤占体育、音乐、美术及少先队活动等课程的课时,确保学生每天一小时校园体育活动。 3. 建立听课与评课制度,深入课堂听课并对课堂教学进行指导,每学期听(评)课不少于地方教育行政部门规定的课时数量。 4. 积极组织开展教研活动和教学改革,建立、完善促进学生全面发展的教育教学评价制度,不片面追求学生考试成绩和升学率。
普通高中校 长专业标准	1. 落实国家课程方案和标准,统筹国家、地方、学校三级课程,创建具有本校特色的学校课程体系,开设多种形态、适应学生发展需要的选修课,为学生提供丰富多样的学习资源。 2. 开齐、开足国家规定的各类必修和相关选修课程,确保体育、艺术、技术、综合实践活动等课程的实施,加强法治教育,关注学生心理健康和青春期教育,合理安排作业,不得违规补课和增加课时,切实减轻学生过重的课业负担。建立健全学生体质健康监测机制,确保学生每天一小时校园体育活动。 3. 建立健全课程教学管理制度和教学质量测评、分析与改进机制,定期深入课堂听课,并对课堂教学进行指导,每学期听(评)课不少于地方教育行政部门规定的课时数量。 4. 组织开展教学研究与课程改革,落实高中学生综合素质评价制度,加强对学生职业生涯规划的指导,拓宽学生的成才渠道。

2.2 校(园)长的课程领导

作为领航者,校(园)长既是一所中小学(幼儿园)行政、业务工作的最高领导者,也直接制约和影响着中小学(幼儿园)的课程与教学改革实践。以往传统的中小学(幼儿园)课程管理模式下,校(园)长大多只注重行政事务的管理与领导,而无法有效地发挥其在课程建设与发展中所应具有的功能以及所应扮演的角色。课程权力的下放,中小学(幼儿园)课程建设的内在需要,使得校(园)长的领导角色应该有所转变,从传统的行政领导,转向为中小学(幼儿园)的课程领导。因此,课程领导对校(园)长而言是一个全新的课题,对校(园)长的专业发展而言也是一个极大的挑战。校(园)长专业发展既是中小学(幼儿园)课程改革与发展的重要保障,也是教师专业发展和中小学(幼儿园)教育质量提升的关键所在。而校(园)长课程领导的角色赋予了校(园)长专业发展新的内涵与要求,在课程领导的趋势与背景下,校(园)长需要重新审视自身的专业角色和专业实践。如何立足校(园)长的专业发展,着力提升校(园)长的课程领导能力,具有相当的理论意义和实践价值。事实上,课程领导要求校(园)长应该懂得教学,应该成为中小学(幼儿园)课程建设与教学改革的引领者。① 因此,在课程领导的研究视域下,在校(园)长专业发展的教育背景下,校(园)长的专业化应该正确地回应课程领导的改革趋势和要求,这本身也是对校(园)长专业化和专业发展的有益补充与完善。

2.2.1 校(园)长课程领导研究的理论意义

1. 校(园)长课程领导的相关研究,能够充实与拓展中小幼课程研究的内涵

课程改革与教学创新的不断深入,深切地影响着中小幼的教育质量与效能,对中小幼管理提出了更高的要求。尤其在《中国学生发展核心素养》及《3—6 岁儿童学习与发展指南》的背景下,中小幼教育的变革与发展内在地要求校(园)长能够和课程共同发展,内在地要求校(园)长对课程与教学实践进行专业引领,内在地呼唤中小幼实施有效的课程领导。作为课程改革的领航者,校(园)长的课程领导直接影响着教育质量的全面提升。从课程领导的视域探讨校(园)长专业发展,能够使课程研究不再仅仅关注课堂与教学的微观层面,而是综合考虑课程实施者校(园)长的专业发展,进而探讨中小幼的课程改革与发展。这就能在一定程度上,使课程研究的内涵不断充实与拓展,并在一定程度上关注中小幼的教育衔接。

中小幼的课程变革与创新离不开教师的专业发展,离不开中小幼内部良好的

---

① MURPHY J, LOUIS K S. Handbook research on educational administration (secondedition)[M]. SanFrancisco: Jossey-Bass Publishers, 1999: XXVI.

课程领导,而从校(园)长这一领导角色入手,定性与定量地研究和探讨校(园)长如何应对课程改革,探讨校(园)长如何在课程改革引领中实现学生发展与教师专业发展的双赢,这不仅能够为中小幼的课程与教学改革提供新的理论依据,从新的视角充实和完善课程与教学改革的相关理论,还有利于进一步丰富和充实课程领导的相关理论。

2. 校(园)长课程领导的相关探讨,有利于充实和完善校(园)长专业化研究

校(园)长专业化作为当前教育管理研究中的热点问题,它深切地影响着中小幼的教育实践与内涵发展。尤其是随着《义务教育学校校长专业标准》和《幼儿园园长专业标准》的相继颁布,校(园)长专业化及其专业发展已经成为基础教育和学前教育领域的热点与难点问题。对校(园)长课程领导的相关研究,能够较好地丰富与完善校(园)长专业化的内涵,促进校(园)长的专业发展。课程领导的研究为教育管理学深入课程研究领域提供了一条有效的途径,通过课程领导研究,有利于将教育管理学的基本理论与课程的具体特征相结合,提升教育管理学的理论基础和实践基础,使教育管理学的研究不断深化和细化。因此,在课程领导的视域下,在校(园)长专业化的背景下,校(园)长应该正确地回应课程领导的改革趋势和要求,这本身也是对校(园)长专业化研究及教育管理学的有益补充与完善。

2.2.2 校(园)长课程领导研究的现实意义

当今世界,变化日新月异,中小幼面临的教育问题日趋复杂。课程领导要求校(园)长不仅要做"小提琴家",更要做"交响乐团的指挥",其课程领导的意义与作用不言而喻,主要体现在以下几方面。

1. 正面回应课程领导的趋势与要求,有利于促进校(园)长专业发展

尽管研究者们在解读校(园)长课程领导的定义时切入的角度不同,但其核心理念大致如下:确定理念、塑造愿景、共享资源、建构对话、形成专业社区、发展专业知能、打造组织文化、提升学习品质。这些理念都直接关涉到了校(园)长的领导实践,关涉到了校(园)长的专业发展,进而关涉到了中小幼的内涵发展及其课程变革与教育质量的提升。校(园)长如果能够成为有效的课程领导者,能够有效地掌握一定的课程领导理论,采取民主的、相互沟通的领导方式,扮演教育理想家、课程与教学改革者、协同合作者、共同学习者、公开支持者、知识的建构者等角色,逐渐摆脱传统的管理模式,关注真实的教育情境,回应知识的革新和社会变迁的需要,就能够实现中小学、幼儿园的跨越式发展,能够全面提升教育质量,实现教师与学生的共同发展。

课程领导所强调的共同体建设,重视整合个人、社群、组织、社区以及文化的需求,重视社会、学校与家庭的教育资源整合,重视校长、教师、学生与家长共同参与到课程领导,这些都能够实现中小学教育质量的不断提升。实际上,校长课程领导的最终目的,就是要通过学校共同体建设以及课程的革新,为学生提供更加适切的

学习机会从而促进其发展。就幼儿园园长专业发展而言,如何把握幼儿教育真谛、引领幼儿教师专业发展、提升幼儿生活品质,进而关注幼儿园共同愿景的塑造和幼儿园共同体建设等,已经成为当下幼儿园课程改革和幼儿园园长专业发展中不能回避的热点问题。课程领导要求幼儿园园长具备有关课程性质、课程取向、课程发展、课程评价等方面的专业知识,并在课程目标定位、课程资源开发、课程政策制定、课程设计与实施以及课程评价等工作中,营造氛围、建构愿景、建立团队、引领教师的专业发展,从而实现幼儿园教育品质的全面提升。有效的课程领导,是对校(园)长课程整合与开发能力的考验,也是对校(园)长"教育者"角色的最好诠释。

2. 探讨校(园)长的课程领导,有利于促进教师专业发展,提升教育质量与效能

传统呆板、机械的课程管理模式束缚了教师的手脚,也限制了他们的创造性,剥夺了他们的专业自主权,直接导致了其专业化水平的低下。校(园)长的课程领导赋予教师参与课程发展的权利,为其专业自主提供制度和资源保障,使教师内在的实践经验、研究能力、创造潜能得到发挥与彰显,不仅能加深他们对课程的理解,丰富他们的专业知识,增强他们的自信,也可同步提高其专业水平,从而保障和提升教育的质量与效能。校(园)长的专业发展内在地要求其能够引领教师的专业发展,能够引领中小学(幼儿园)课程与教学的改革。因此,加强对校(园)长课程领导的相关研究,对于校(园)长的专业发展,对于中小幼教育改革的全面实施,对于中小学(幼儿园)教师的专业发展,都有着较强的指向性与现实意义。

3. 对校(园)长课程领导的定性与定量分析,具有一定的建设性与指向性

在课程领导的相关研究中,理论思辨多于实证分析,宏观论述多于微观剖析,这就在一定程度上造成了理论与实践的脱节,往往使课程领导的相关研究仅仅停留在理论层面的思辨,而不能有效指导教育改革的创新实践。因此,加强校(园)长的课程领导,不仅是研究方面的创新,还能帮助我们把研究指向现实,指向中小幼教育的生活世界中来。本论文的实证研究部分试图立足校(园)长的专业发展,通过一系列的调查研究与深度访谈,分析和探讨当前校(园)长的课程领导,及其对校(园)长自身专业发展的诸多影响,获悉并理性思考当前校(园)长课程领导的现状及存在的问题,进而谋求促进校(园)长有效课程领导的策略与举措,这些方面的探索与思考具有相当的实践意义与应用价值。

2.3 课程领导对校(园)长角色的理性呼唤

2.3.1 校(园)长课程领导的专业挑战

在课程管理术语的使用上,美国新近多采用"课程领导"一词来代替传统的"课程管理"。语言是思想的外壳,术语的更替在一定程度上体现了课程管理方面的变

革趋势:原来的课程管理一般实行课程管理的行政部门对学校(幼儿园)进行自上而下的监控、管制,这明显体现着古典管理理论所倡导的官僚主义管理体系特征;现在的课程领导则赋予学校(幼儿园)一定权限和责任,使之围绕课程展开自主、自律、创造性的课程实施与管理。这样,课程领导就把学校(幼儿园)从课程管理的外围引入内部,他们从被动接受指令变为对课程进行主动的经营、创造,凭借学校(幼儿园)课程领导者的智慧、教师的专业发展、组织文化的发展和建设,最终导向学生(幼儿)学习品质的提升和课程质量的提高。

校(园)长的课程领导应该是一个多层级的动态运行系统,它最终指向课程质量的提升、学生(幼儿)学习品质的改善以及学生(幼儿)身心素质的提高。本书认为校(园)长的课程领导即课程领导者引导组织成员共同创建愿景,在此目标指引下自主、自律、携手同心进行课程实践的活动过程。它是一个多层级的动态运行系统,通过成员专业发展、组织文化再生等最终抵及课程品质、学生学习品质与身心素质的提升。

2.3.2 课程领导与校(园)长的三重角色

角色是社会学的基本概念,它借用了戏剧舞台表演的角色概念,用以研究社会人处于各种社会职位、地位和各种情景场合的表现。角色受制于行为规范和社会期望,表现出较强的情境性,在不同场合会扮演不同的角色。正如社会学家波普诺所说:在每一次高度结构的社会互动中,社会都为人们提供了一个"剧本",用以指导、分配不同社会成员去扮演不同的角色;在每一天的社会互动过程中,人们都扮演着许多不同的角色。

校(园)长课程领导的角色多种多样,考察校(园)长课程领导的角色应充分体认校(园)长在学校(幼儿园)内外的处境,作为课程领导者的校(园)长会因情境的不同、时代的不同而扮演不同的角色。一般而言,校(园)长有三个职业角色:教育者、领导者和管理者。在学校(幼儿园)这个具有特殊社会意义的相对独立的教育组织中,校(园)长以教育者的身份定位学校(幼儿园)的组织性质及核心价值观,对教师的教学和学生的学习进行有效指导;以领导者的身份对学校或幼儿园的发展进行内外环境分析,确定学校或幼儿园的愿景和目标,制定其组织发展战略,勾画未来;以管理者的身份运用必要的管理方法和技术对学校(幼儿园)的教育教学工作、人员、财务、时间、信息、公共关系等进行全面管理。教育者的角色要求校(园)长应该懂得教育及教学规律,应该成为学校(幼儿园)教学改革的引领者。[①] 20 世纪 90 年代以来,国际教育管理学界越来越重视校(园)长的教育者角色。在我国,由于新课程改革以及学前教育快速发展的缘故,校(园)长成为教育者即成为学术

---

① MURPHY J, LOUIS K S. Handbook research on educational administration (secondedition)[M]. SanFrancisco: Jossey-Bass Publishers, 1999: XXVI.

带头人和教学改革"领头羊"的客观要求更加迫切。实际上,我国的很多中小学校长不能适应新课程改革的要求。这与他们在成为校长后没有持续关注教学和教学改革有直接的内在联系。[①] 英美国家把校(园)长领导者的角色和教育者的角色置于非常重要的位置,在重要性的排序上都放在管理者的角色之前。相比而言,我国校(园)长的管理者的角色被过度强调,而教育者和领导者的角色没有受到应有的重视。不少校(园)长忙于事务性的管理工作,不关注中小学或幼儿园最核心的业务——课堂教学,也没有能力引领课程与教学改革,对学校或幼儿园发展缺乏长远规划,战略管理能力较差。这种状况与我国课程改革的要求,与转变政府职能、加强学校(幼儿园)自主管理的要求很不适应,亟待改变。课程领导的内涵恰恰和上述问题紧密相关,校(园)长的专业化应该正确地回应课程领导的改革趋势和要求,二者也符合校(园)长专业化的趋势和我国基础教育与学前教育的实际状况。

2.3.3　课程领导与校(园)长的专业发展

校(园)长职业只有走入专业化进程,才能提升校(园)长群体的职业素养,才能满足中小幼教育事业发展的现实需求。校(园)长专业化并不是纯粹的理论构想,它已经成为教育领域里一种重要的实践活动,中外皆然。校(园)长专业化是社会发展的必然要求,它又催生了校(园)长的专业发展。校(园)长的专业发展主要包括校(园)长的专业精神、专业修养与专业伦理、专业知识与专业能力这三大内涵的培养与提升。校(园)长专业发展是校(园)长专业化的一个重要研究领域,也是制约校(园)长专业化的根本所在。国内学者对校(园)长专业化的内涵和构成要素、校(园)长专业发展的制度环境和制度保障、推进校(园)长专业化的策略、校(园)长培训与校(园)长专业自主发展等问题进行了持续深入的探讨,但研究仍显薄弱。"校(园)长专业化"何以存在,何以可能,何以实践? 这是推进国内校(园)长专业化研究无法回避的理论问题,也是必须求解的现实问题。

需要指出的是,对中小学校长而言,在当前基于核心素质的课程改革背景下,三级课程管理体制的理念赋予中小学校长全面进行学校课程管理的权利与义务,不但要促进国家课程、地方课程在校本化情境下的创造性实施,还承担着促进校本课程开发、创建学校课程特色、提高学校课程品质、促进学校发展尤其是学校中的人的充分发展之重任。这对中小学校长提出了新的要求与挑战,中小学校长必须更新观念,增强课程领导意识,努力提高自身的课程领导修养,从忽视课程领导到重视课程领导,从被动、独裁、监控的课程管理转到主动、分权、服务的课程领导。

对于幼儿园园长而言,幼儿园课程的生活化、游戏化、园本化都赋予其更大的创造性与实践性,这对幼儿园园长的课程理解与创生都提出了更大的挑战与诉求。幼儿园园长课程领导即是在幼儿园课程的设计、开发、实施与评价的各个环节中,

---

① 褚宏启.走向校长专业化[J].教育研究,2007(01):80-85.

把握幼儿教育真谛、引领幼儿教师专业发展、提升幼儿学习品质,进而关注幼儿园共同愿景的塑造和幼儿园共同体建设等,这也已经成为当下幼儿园内涵发展及其课程改革不能回避的热点问题。

2.3.4 校(园)长课程领导与专业共同体的构建

传统的课程管理模式,组织结构的特征是:强调职权等级,自上而下严密监控,重视结果,追求效率,强调控制。而作为一种民主、合作的新领导范式,课程领导组织有别于以往一般意义上的组织,它是一种"共同体"的形式,因为课程领导不是个人的事,而是一个领导共同体(a community of leaders)[①]的事情。萨乔万尼(Sergiovanni)坚信学校不同于一般的工业组织,学校本质上是一种学习的共同体。他认为应将道德领导置于首位,这才是真正适合学校组织的领导理论,而且这才是学习共同体的根本所在。他认为,在组织中,成员间的关系是由他人构筑的,而且这种关系往往被编入种种等级、角色及角色要求的体系中,而在共同体中,成员拥有一种与他人具有相同意向的社会生活;组织依赖的是外在的控制,而共同体依靠的是规范、目的、价值观、专业精神、团队精神以及成员间自然而然的互依性;组织的授权强调权利,而共同体更多地聚焦于成员之间的承诺、责任和义务。[②] 基于此,中小学和幼儿园课程领导共同体的主体是多元的,与中小学与幼儿园课程相关的校长、教师、学生、家长、社区人员及其他关心课程改革与发展的人员都可以参与到共同体中,成员之间相互体认、相互尊重、相互依存、有机结合,在权利共享的基础上进行民主决策,达至一种和谐的状态。但这种和谐并不是以压制成员的个性而达成的和谐,而是以尊重成员价值观为基础的整体和谐。

校(园)长课程领导必须正面回应课程共同体,并通过共同愿景、系统开放和合作文化的协同,促进学校(幼儿园)的课程改革与发展。而在这一过程中,无疑对校(园)长自身的专业素养和能力提出了新的要求,校(园)长的专业发展必须从理念、角色、知识等多方面来实现。因此,从课程领导的视域探讨校(园)长专业发展就显得比较切合课程改革的内在趋势,也具有一定的前瞻性和现实性。某种意义上说,学习共同体是一个交流思想、共享知识、分享专业成长经历的场所,它是构建于共同的信念、利益和经历的基础之上的。学习共同体为校(园)长的专业发展提供了一个有益的模式。构建校(园)长学习共同体是促进校(园)长专业发展的有效方式。但无论构建何种模式的校(园)长学习共同体,关键是要校(园)长成为一个"研究者"。在科研实践中,校(园)长的专业理念、专业知识、专业能力和专业精神才能有效地得到发展和提升。

---

① 郑燕祥.学校效能与校本管理:一种发展的机制[M].陈国萍,译.上海:上海教育出版社,2002:126.

② 冯大鸣.道德领导及其文化意蕴[J].全球教育展望,2004(03):15-18.

2.4　校(园)长的课程领导力

对于身处传统课程管理模式的校(园)长而言,如何理解和认识中小学(幼儿园)的课程领导,如何应对组织愿景发展的需要,如何从理念到行为实现领导方式的转变,不仅是自身校(园)长生涯不得不面对的挑战,也是学校(幼儿园)长远发展对校(园)长自身素质的内在要求。课程领导对于校(园)长的专业发展而言,既是一种挑战,也是一个契机,需要校(园)长重新审视和反思自身的实践活动,在实践中促进自身领导工作的转型。

2.4.1　课程领导对校(园)长领导特质的内在要求

课程领导强调的是一种转型的领导(transformative leadership),课程领导者必须超越传统领导概念赋予领导者"发号施令"的角色和责任,课程领导本身也将被重新概念化为一种合作探究、发现、学习和质疑的过程。[①] 课程领导对一些中小学校长(幼儿园园长)而言,是一种新的理念,需要他们实现领导方式的转型,而转型的课程领导建议校(园)长必须发挥五种领导特质。第一,理想化的影响力——校(园)长应具有远见,不受限于短期利润的获得;能清楚地沟通理想的目标,并获得大家的认同。校(园)长所散发的领导魅力,为师生和部属所尊敬、崇拜、信任,共同展现出强烈的企图心和使命感,以完成理想化目标。第二,激发动机——校(园)长运用其影响力,激励师生及部属提升目标与动机至较高层次,而不仅限于立即交换所得的报酬,希望达到自我实现的境界。第三,启发智识——运用各种方法启发师生员工的智识,使思考问题上更具有创造力,以拥有高层次的分析能力和远见。第四,重建组织——校(园)长试图改变现有组织环境,跳脱以往课程与教学的窠臼,重新检视中小学或幼儿园成长的兴革能力。第五,个别关怀——引导师生员工的成长,给予适当的个别关怀,使教职员工有远见与信心承受更多的责任。[②]

2.4.2　课程领导能够促进校(园)长的道德领导能力

校(园)长的课程领导是一种转型的领导,内在地呼唤校(园)长的道德领导能力。校(园)长的道德领导需要关注课程领导的核心理念,即确定理念、塑造愿景、共享资源、建构对话、形成专业社区、发展专业知能、打造学校文化、提升学习品质等。校(园)长作为课程领导者,应不断加强学习,掌握一定的课程理论,采取民主的、相互沟通的领导方式,扮演教育理想家、课程与教学改革者、协同合作者、共同

---

①　黄显华.课程领导与校本课程发展[M].北京:教育科学出版社,2005:13.
②　台湾海洋大学师资培育中心.课程领导与有效教学[M].北京:九州出版社,2006:23.

学习者、公开支持者、知识的建构者等角色,以摆脱传统的管理模式,关注真实的教育情境,回应知识的革新和社会变迁的需要,整合个人、社群、组织、社区以及文化的需求。课程领导对校(园)长而言,在最深的层面,是一种道德领导的素养要求,是校(园)长如何营造专业共同体,在共同体的建设中,塑造愿景、形塑教职员工及学生的品质与智识的内在要求。校(园)长的道德领导能力是课程领导的内在核心,也是校(园)长专业发展的核心要素,是校(园)长专业权威的根源所在。课程领导本身就需要校(园)长的道德领导能力,而且在课程领导的实践过程中,也可以促进校(园)长的道德领导能力。

2.4.3 课程领导能够促进校(园)长的团队合作能力

课程领导是一件相当复杂的工作,它并非单纯涉及课程发展的问题,而是要以深厚的课程发展知识做根基,去处理"人的问题"。所以,课程领导者既要是一名"课程专家",也应该是一名出色的"团体领导者"。前者偏向于对课程领导者的理性要求,后者则侧重于领导者智慧与情感的结合。① 课程领导本身就要求建立有效的课程团队,并赋予课程团队以共同愿景和有效协作。课程领导在中小学(幼儿园)工作实践中的运用,势必会要求我们的领导者进行课程团队的建设,势必会加强课程团队的教育教学能力,从而通过团队和共同体建设,实现学生(幼儿)身心素质的全面发展,促进教师专业水平的提升。

2.4.4 课程领导能够促进校(园)长教学专业的引领能力

校(园)长的课程领导即课程领导者引领组织成员共同创建愿景,在此目标指引下自主、自律、携手同心进行课程实践的活动过程。它是一个多层级的动态运行系统,通过成员专业发展、组织文化再生等最终抵及课程品质、学生学习品质与身心素质的提升。有效的课程领导不仅内在地需要校(园)长对教师专业发展和学生发展的专业引领,也能够通过课程与教学的一系列改革促进教师与学生的发展,促进校(园)长对师生教与学的专业引领。因为传统呆板、机械的课程管理模式束缚了教师与学生的手脚,限制了他们的创造性,剥夺了他们的专业自主权,直接导致了其专业化水平的低下。校(园)长的课程领导赋予教师与学生参与课程发展的权利,为其专业自主提供制度和资源保障,使教师与学生内在的实践经验、研究能力、创造潜能得到发挥与彰显。

---

① 黄显华.课程领导与校本课程发展[M].北京:教育科学出版社,2005:15.

第 3 章　中小学校长的课程领导

随着课程改革的逐步深入,中小学校长逐步从课程管理转向课程领导,能够在引领学校发展的基础上,立足课程建设和教学改革,促进教师的专业发展、促进学生的学习品质提升,回应核心素养视域下的教育综合改革目标,其核心理念得到了校长们的认可与赞赏,诸如学校共同体建设、学校文化、建构愿景与建立团队等等。与此同时,课程领导及课程领导力的相关研究与探索在上海等地区得到有力的推进与实施,但其他地区尤其是西部地区中小学校长课程领导的现状仍然不容乐观。

3.1　核心素养视域下中小学校长的课程领导

3.1.1　核心素养视域下中小学校长的课程理念

中小学校长课程领导意识,集中在课程理念与课程领导理念的认知方面。中小学校长的课程理念需要紧扣核心素养的改革主基调,基于核心素养视域下的课程改革已经成为国际课程改革发展的重要命题。

1. 基于核心素养的课程改革主题

我国基础教育课程改革即是以核心素养为统领,重构课程标准、课程内容,构建符合我国学生发展的核心素养新课程体系,这也符合课程改革的国际趋向。尽管世界各国对于核心素养内涵建设的要求各不相同,但核心素养需要在长时间的学校教育中逐渐培养和发展,各国都构建了基于核心素养的课程体系,力求通过课程改革,促进各学科之间的融合,从而发展学生各个层面的核心素养。[1] 基于不同的价值理念,国际上已有的核心素养体系大致可分为四大类型:成功生活取向的思维核心型,终身学习取向的知识核心型,个人发展取向的价值核心型和综合性取向的教育系统型。基于这些指标体系,世界各国和地区纷纷启动了新一轮的基础教育课程改革。[2]

2014 年教育部印发《关于全面深化课程改革落实立德树人根本任务的意见》,

---

[1] 贺华. 核心素养视域下我国基础教育课程体系的重构[J]. 教学与管理,2017(06):8 - 10.
[2] 左璜. 基础教育课程改革的国际趋势:走向核心素养为本[J]. 课程・教材・教法,2016(02):39 - 46.

提出"教育部将组织研究提出各学段学生发展核心素养体系,明确学生应具备的适应终身发展和社会发展需要的必备品格和关键能力"。2016 年 9 月 13 日《中国学生发展核心素养》总体框架正式发布。学生发展核心素养,主要指学生应具备的、能够适应终身发展和社会发展需要的必备品格和关键能力。核心素养是关于学生知识、技能、情感、态度、价值观等多方面的综合表现;是每一名学生获得成功生活、适应个人终身发展和社会发展都需要的、不可或缺的共同素养;其发展是一个持续终身的过程,可教可学,最初在家庭和学校中培养,随后在一生中不断完善。

中国学生发展核心素养以培养"全面发展的人"为核心,分为文化基础、自主发展、社会参与三个方面,综合表现为人文底蕴、科学精神、学会学习、健康生活、责任担当、实践创新等六大素养,具体细化为国家认同等十八个基本要点,参见表 3-1。各素养之间相互联系、互相补充、相互促进,在不同情境中整体发挥作用。①

表 3-1 中国学生发展核心素养的基本框架及内涵

中国学生发展核心素养	自主发展	健康生活	
		珍爱生命	理解生命意义和人生价值,具有安全意识与自我保护能力,掌握适合自身的运动方法和技能,养成健康文明的行为习惯和生活方式等。
		健全人格	具有积极的心理品质,自信自爱,坚韧乐观;有自制力,能调节和管理自己的情绪,具有抗挫折能力等。
		自我管理	能正确认识与评估自我,依据自身个性和潜质选择适合的发展方向,合理分配和使用时间与精力,具有达成目标的持续行动力等。
		学会学习	乐学善学	能正确认识和理解学习的价值,具有积极的学习态度和浓厚的学习兴趣;能养成良好的学习习惯,掌握适合自身的学习方法;能自主学习,具有终身学习的意识和能力等。
			勤于反思	具有对自己的学习状态进行审视的意识和习惯,善于总结经验;能够根据不同情境和自身实际,选择或调整学习策略和方法等。
			信息意识	能自觉、有效地获取、评估、鉴别、使用信息;具有数字化生存能力,主动适应"互联网+"等社会信息化发展趋势;具有网络伦理道德与信息安全意识等。
	社会参与	责任担当	社会责任	自尊自律,文明礼貌,诚信友善,宽和待人;孝亲敬长,有感恩之心;热心公益和志愿服务,敬业奉献,具有团队意识和互助精神;能主动作为,履职尽责,对自我和他人负责;能明辨是非,具有规则与法治意识,积极履行公民义务,理性行使公民权利;崇尚自由平等,能维护社会公平正义;热爱并尊重自然,具有绿色生活方式和可持续发展理念及行动等。

---

① 《中国学生发展核心素养》总体框架正式发布[J].上海教育,2016(27):8-9.

（续表）

中国学生发展核心素养	社会参与	责任担当	国家认同	具有国家意识,了解国情历史,认同国民身份,能自觉捍卫国家主权、尊严和利益;具有文化自信,尊重中华民族的优秀文明成果,能传播弘扬中华优秀传统文化和社会主义先进文化;了解中国共产党的历史和光荣传统,具有热爱党、拥护党的意识和行动;理解、接受并自觉践行社会主义核心价值观,具有中国特色社会主义共同理想,有为实现中华民族伟大复兴中国梦而不懈奋斗的信念和行动。
			国际理解	具有全球意识和开放的心态,了解人类文明进程和世界发展动态;能尊重世界多元文化的多样性和差异性,积极参与跨文化交流;关注人类面临的全球性挑战,理解人类命运共同体的内涵与价值等。
		实践创新	劳动意识	尊重劳动,具有积极的劳动态度和良好的劳动习惯;具有动手操作能力,掌握一定的劳动技能;在主动参加的家务劳动、生产劳动、公益活动和社会实践中,具有改进和创新劳动方式、提高劳动效率的意识;具有通过诚实合法劳动创造成功生活的意识和行动等。
			问题解决	善于发现和提出问题,有解决问题的兴趣和热情;能依据特定情境和具体条件,选择制定合理的解决方案;具有在复杂环境中行动的能力等。
			技术运用	理解技术与人类文明的有机联系,具有学习掌握技术的兴趣和意愿;具有工程思维,能将创意和方案转化为有形物品或对已有物品进行改进与优化等。
	文化基础	人文底蕴	人文积淀	具有古今中外人文领域基本知识和成果的积累,能理解和掌握人文思想中所蕴含的认识方法和实践方法等。
			人文情怀	具有以人为本的意识,尊重、维护人的尊严和价值;能关切人的生存、发展和幸福等。
			审美情趣	具有艺术知识、技能与方法的积累;能理解和尊重文化艺术的多样性,具有发现、感知、欣赏、评价美的意识和基本能力;具有健康的审美价值取向;具有艺术表达和创意表现的兴趣和意识,能在生活中拓展和升华美等。
		科学精神	理性思维	崇尚真知,能理解和掌握基本的科学原理和方法;尊重事实和证据,有实证意识和严谨的求知态度;逻辑清晰,能运用科学的思维方式认识事物、解决问题、指导行为等。
			批判质疑	具有问题意识;能独立思考、独立判断;思维缜密,能多角度、辩证地分析问题,作出选择和决定等。
			勇于探究	具有好奇心和想象力;能不畏困难,有坚持不懈的探索精神;能大胆尝试,积极寻求有效的问题解决方法等。

　　事实上,核心素养是党的教育方针的具体化,是连接宏观教育理念、培养目标与具体教育教学实践的中间环节。党的教育方针通过核心素养这一桥梁,可以转

化为教育教学实践可用的、教育工作者易于理解的具体要求,明确学生应具备的必备品格和关键能力,从中观层面深入回答"立什么德、树什么人"的根本问题,引领课程改革和育人模式变革。①

2. 学科核心素养视域下的课程理念

基于核心素养的课程发展需要有一个明晰界定的概念框架。事实上,国际教育界具体的界定一般是在如下知识的基础上展开的:(1)作为教育目标明确界定能够应对社会变化的素养与能力;(2)教育目标必须以诸如"问题解决能力"之类的与"21世纪生存能力"直接挂钩的形式,把教育目标结构化;(3)素养与能力的培育必须由体现学科本质的教学来支撑。由此,我国基于核心素养的课程发展具有同心圆的结构。(1)核心层:价值形成。知识、技能是受制于价值观的。所谓"价值观"是一个人的人格,由信念、态度、行为等塑造而成。诸如信仰、责任、尊重、宽容、诚实等价值的形成,应当置于核心素养的核心地位。(2)内层:关键能力。诸如信息处理能力、反省思维能力、沟通协同能力、革新创造能力等。(3)中层:学习领域。诸如语言学科群、数理学科群、人文科学与艺术学科群、跨学科领域。(4)外层:支持系统。即体制内外的政策性、技术性支持系统。核心素养的界定是学校教育从"知识传递"转向"知识建构"的信号,标志着我国中小学的课程发展进入了新的阶段。②

需要指出的是,在面向知识经济、信息化、全球化时代,对"核心素养是什么"的回答已有足够的共识,但在"如何落实核心素养的培育"上,即指向核心素养的课程、教学与评价等的一系列表述或做法还存在比较大的差异,具体包括以下几种情况。第一,仅把核心素养作为教育目的或意图,没有呈现后续课程、教学与评价方面的一致性努力。如果没有充分地展示后续的课程标准、评价标准、课堂教学等关键性措施,核心素养的课程蓝图也只能停留在理念层面,而无法真正落实。第二,只要求核心素养与学科或教学领域建立关联,没有揭示出核心素养与学科内容的内在关系,容易造成核心素养成为"随意贴"标签的现象出现。第三,只强调教师在课堂教学层面落实核心素养的目标或指标,没有中间层面的课程标准与评价标准,容易造成核心素养落实的形式化和表层化现象。③ 基于此,在核心素养的视域下,中小学的课程改革需要秉持如下的原则。第一,不同学科聚焦的学科素养有所不同,我们需要叩问各门学科知识内容的框架与思考方式应当被置于怎样的位置。在此基础上,重新思考各门学科的目标与内容,再去设定学科应当有的课题与活动。第二,学科课程是学校课程的重要组成部分,但不是全部。它需要一线教师在"核心素养—课程标准(学科素养/跨学科素养)—单元设计—学校评价"这一连串环环相扣的链环中聚焦和叙事与展开运作,亦即需要围绕学校教育应当做、能够做的事情,思考学校课程的变革与发展。第三,核心素养不是直接由教师教出来的,而是在问题情境中借助问题解决的视角培育出来的。[①]

事实上,中小学教育是典型的分科教育,中小学的课程改革需要紧扣核心素养,其关键在于全面落实和推进学科核心素养。首先,学科核心素养是核心素养落地的抓手。学科教育是学校教育教学的根本依托,甚至可以说是学校教育之本。所有的改革理念和目标都必须落实到学科层面,否则再好的改革蓝图都是"空中楼阁"。相应地,核心素养要分解和体现到学科核心素养之中,否则核心素养就无法落地。核心素养是培养目标的具体化,而学科核心素养则是核心素养的具体化。具体化是把理想转化为现实的唯一通道和途径。其次,学科素养是学科教育的灵魂。传统的学科教育过度地在学科上做文章,教师往往纠结于学科知识的容量和难度,虽然对所教学科的知识点和训练烂熟于心,但对学科的本质和教育价值却知之甚少,对学生通过本门学科要形成哪些核心素养以及怎样形成这些素养不甚了解。学科核心素养是学科本质观和学科教育价值观的反映。只有抓住学科核心素养,才能抓住学科教育的根本,才能正确引领学科教育的深化改革,使学科教育真正回到服从和服务于人的发展的方向和轨道上来,全面发挥学科的育人功能。最后,学科核心素养是课程标准的灵魂。在学科核心素养视域下重建课程是本次课程改革的亮点。学科核心素养是条主线,统领着学科课程知识的选择、课程内容的组织、课程角度的确定、课程容量的安排以及课程的实施和作业标准的确立。[②] 教育部颁布的《课程标准》(2017 年版)中就指出:"学科核心素养是学科育人价值的集中体现,是学生通过学科学习而逐步形成的正确价值观念、必备品格与关键能力。"附录 1 整理了各门学科的课程标准,就其核心内涵与基本内容进行了梳理。应该说,各个学科所对应的课程标准就是中小学课程改革重要的政策性指导文本。作为中小学教育的领航者,中小学校长需要在熟悉了解核心素养及其课程标准的基础上,结合各自学校的实际情况,因地制宜、因校制宜地开展课程教学的改革与探索。

3.1.2　核心素养视域下中小学校长的课程规划

中小学三级课程(国家课程、地方课程和校本课程)管理体制的确立,尤其是国家课程的校本化趋势,涉及学校课程规划,使中小学具有了更大的课程自主权和开发权,同时也对中小学尤其是中小学校长提出了更大的专业挑战。事实上,在以往高度统一的集权式课程管理下,中小学主要是课程的执行者,而三级课程管理体制的推行要求学校必须对国家课程、地方课程以及校本课程进行整体设计、实施、评

---

① 钟启泉,崔允漷.核心素养研究[M].上海:华东师范大学出版社,2018:7-8.
② 余文森.核心素养导向的课堂教学[M].上海:上海教育出版社,2017:55-62.

价与管理,必须对学校的课程进行整体规划。因此,对学校课程规划问题进行分析、探讨不仅具有理论意义,还具有重要的实践价值。中小学开展课程规划既是课程政策变革的要求,也是学校实现自身价值的需求,它们共同构成了学校课程规划的驱动力。学校课程规划不只是简单实施国家课程和开发校本课程,它要求学校将国家课程、地方课程和校本课程作为一个整体来通盘考虑和设计,以反映出一所学校的办学思路和特色。从一定意义上讲,一所学校的课程规划是否合理有效,更取决于两者的合力效应,也取决于中小学校长的课程领导,取决于其专业综合素养。①

规者即有法度也,划者即戈也,分开之意。规划即是指有计划地去完成某一任务而作出比较全面的长远打算,是计划的一个种类。规划本身兼具战略的方向性与方案的执行性,它是我们高质量地完成预期目标任务的行动路线与指南。在《现代汉语词典》中,规划是指比较全面的长远的发展计划,计划是指工作或行动以前预先拟定的具体内容和步骤。课程规划亦即是指为有计划地完成课程目标与任务,而制定出科学、全面的学习课程建设方案。近年来,随着基础教育课程改革的深入发展,有学者对学校课程规划进行了探讨。有人认为,所谓学校课程规划就是学校对本校的课程设计、实施和评价进行全面的规划,"学校课程规划"与"校本课程开发"是有区别的。"学校课程规划"是广义的"校本课程开发",它所涉及的范围包括了学校实施的全部课程,既有校本课程,也有国家课程和地方课程。有人认为,学校课程规划是指学校以本校为基础,对学校课程(包括国家课程、地方课程和校本课程)的设计、实施与评价等内容进行整体设计和安排,其实质是学校课程的校本化过程。②

事实上,学校课程规划就是一所学校为了高质量、可持续发展,通过对自身的办学传统与现状的全面分析,统整性地规划学校的课程体系(国家课程、地方课程和校本课程),并科学合理地进行课程方案的制定、实施与评价等。因此,课程规划工作者应着眼于国家和地方课程政策,结合学校实际,准确把握学校课程目标,整体设计课程模式,深入研究学校课程发展过程中出现的问题,并注重在课程实施和评价中的管理工作。③ 学校课程规划就是学校课程从理想到现实的方略谋划过程,包括学校课程发展愿景的确立、学校课程方案的整体设计以及学校课程方案的实施与保障等。学校课程规划是学校课程愿景和学校实际情况之间不断调适的过

---

① 和学新,乌焕焕.学校课程规划:动力、向度与路径[J].中国教育学刊,2011(02):36 -40.

② 和学新,乌焕焕.学校课程规划的内涵与价值追求[J].教育学术月刊,2010(05):86 -89.

③ 和学新,乌焕焕.学校课程规划的内涵与价值追求[J].教育学术月刊,2010(05):86 -89.

程,需要通过建立课程规划组织、研究学校课程的问题与发展方向、拟订学校课程规划草案、多方征求意见来实现。① 从这个意义上说,中小学校长需要高度重视和积极推进课程规划的各项工作,它不仅体现了学校整体发展及教育教学改革的价值诉求,也反映了中小学课程领导变革的现实要求,而且实现了学校有效实施国家课程和开发校本课程的目的。也可以这样说,课程规划就是中小学课程建设的起始点,就是中小学课程改革的行动方案,它本身就具有战略的方向性与战术的策略性。

中小学的课程规划工作,需要实现学校课程理念引领课程实践的变革目的,而中小学的课程理念必须根植于学校课程实践,并与课程改革的创新实践共生共长。事实上,课程理念体现了学校的基本价值,是学校课程所形成的理性认识、精神向往、理想追求和观念体系,是课程的生命力所在。只有确立明确而恰当的课程理念,才会有正确的课程实施行动。但是,学校的课程理念并不只是来自上级的命令,更不是空穴来风,而是来自学校的实际,是在分析学校实际的基础上生成的。因此,我们需要通过现状调查,明确目标等事实的分析,生成学校课程理念。②

中小学校长在进行课程规划的过程中,尤其是在课程方案制定、实施和评价的诸多环节中,同样需要实现课程理念引领课程实践的变革目的。首先,从实践的角度来看,制定课程方案的过程就是教师、学生、行政人员、教育专家、家长、社区人士等有关人员理解课程理念的过程,也是实现课程理念校本化的过程。我们要通过拟定课程方案,颁布课程方案的研制,促进课程理念的理解。其次,课程规划的核心环节是课程实施,而影响课程实施的首要因素就是课程实践者的课程理念及其内化程度。课程理念描绘了课程的美好愿景,课程实施就要把这种美好愿景在实践中转变为现实。我们需要通过构建课程管理体系,实现课程理念内化。最后,课程评价是一种价值关涉活动,受价值观的影响较大。课程理念不但影响着课程评价的技术与方法,而且对课程评价起着导向和监控作用,直接影响着课程实施的各个环节,同时,课程评价的过程也是反思修正、更新课程理念的过程,我们需要通过现状反思、动态调整等课程的评价,实现课程理念的不断更新。③

现实的学校课程规划主要有三个基本向度。首先,通过学校层面三级课程的资源整合,提升教育目标,发挥地域优势,彰显学校特色。任何组织的运行都必须遵从一定的价值观、程序和准则,从而形成富有目标指向性的社会实践。中小学层

---

① 和学新,乌焕焕.学校课程规划:动力、向度与路径[J].中国教育学刊,2011(02):36 - 40.

② 刘光余,张利民.植入实践的理论——以上海某校课程规划为例谈学校课程改革中的理念建构[J].全球教育展望,2010(10):35 - 38.

③ 刘光余,张利民.植入实践的理论——以上海某校课程规划为例谈学校课程改革中的理念建构[J].全球教育展望,2010(10):35 - 38.

面的课程规划就是对学校实施的全部课程(包括国家课程、地方课程和校本课程),从提高课程适应性和资源整合的角度出发,进行的通盘设计和安排,具体的规划过程也需要遵从特定的方向性指引,必须充分体现学校的办学优势与特色,充分利用和彰显地域、校本特色。其次,通过学习领域的组织,明确学科知识的关联性,关注学生的思维发展。学校课程整合的最终结果就是为学习者构建不同的学习领域并在不同的学习领域间建立意义关联。在目前的课程体制中,学习领域还是以分门别类的"学科"作为最基本的表现方式,除此以外,加以适当的综合性表现,如研究性学习、综合实践活动等课程。

事实上,无论是学科课程还是综合课程都是完整的人类经验的必要组成部分,它们都因为与生活的关联而被赋予教育意义。而当前的课程实施现状是,教学过程中的原子化、机械化的操作方式导致了学科课程对完整生活经验的割裂。学习领域的组织乃至学科课程的规划必须以建立知识学习与经验世界的意义关联为旨归,重点是关注学科知识体系的协同整合和学生思维的整体发展;通过课堂教学的设计,实现整体化目标导向,制定弹性化教学任务,并使教学反思走向常态化。教学是中小学课程实施的中心环节和基本途径。中小学课程规划的最后落脚点必然是课堂教学设计。因此,在教学设计与实施过程中,中小学校长需要引导教师,在现代教学思想的指导下,不断地对教学目标和教学过程进行统筹规划、灵活处理,并能以特定的教学过程为研究对象,对已结束的教学环节进行诊断反思和分析研究,从而为改进下一步的教学提供诊断性指导。①

同时,我们也需要重视校本课程规划,它既是三级课程体现的重要组成部分,也是中小学校长领导课程教学的基本任务。校本课程规划既是三级课程管理政策的一项重要内容,也是学校合理开发校本课程的前提。校本课程规划必须以本校学生的课程需求为逻辑起点,校本课程规划的专业性体现在一致性上,校本课程规划的灵魂是学校教育的理想、理念及目标。校本课程开设的初衷就在于"增强课程对地方、学校及学生的适应性",并需要结合本校的传统和优势、学生的兴趣和需要等;而校本课程规划则是学校整体性思考本校校本课程建设相关问题的过程,也是后续校本课程开发、实施等相关活动的路线图或指南针。向上而言,校本课程规划是学校课程整体规划的一部分,是针对三级课程中的校本课程进行的具体规划;向下而言,校本课程规划统整学校所开设和即将开设的所有校本课程,每门校本课程都在校本课程规划的范围内,规划内容对具体的校本课程开发有指导性。校本课程规划所形成的文本即校本课程规划方案,该方案文本质量是学校校本课程规划

---

① 车丽娜. 论学校课程规划的基本向度[J]. 西北师大学报(社会科学版),2015(04):88-93.

质量的重要部分。①

3.1.3　核心素养视域下中小学校长的课程执行

　　基于核心素养的课程改革能否真正走向深入、走向中小学课程建设及教学实践，在相当大的程度上取决于校长对核心素养、学科核心素养和课程规划的认识、理解、认同，取决于校长领导课程教学的能力与水平，亦即对课程规划的有效执行。某种意义上说，执行力是左右一个学校课程改革成败的重要力量，也是区分教育质量平庸与卓越的明显标记。国内外学者研究发现，校长的课程执行在极大程度上影响课程改革的效果。校长在现实课程的执行过程中，往往会受到课程政策、校长自身执行能力、课程管理制度和课程执行力文化等各种因素的影响。②　一般而言，课程执行就是在影响课程的各方面因素综合作用下，保证课程政策目标的有效实现，即各方面因素发挥同向的积极作用来保证课程改革目标的有效实现。其中，课程权力的分享与共有是课程执行的前提，课程执行者"知""行"能力的提高是课程执行的核心，课程资源的投入与开发是课程执行的基础，课程制度的变革与创新是课程执行的突破口。③

　　基于此，校长的课程执行力是课程政策能否充分发挥指南作用的保障条件之一，也是课程改革实践能否按照正确轨道前进的有效措施之一。校长的课程执行力指的是校长在课程政策目标指引下，在学校内外部条件（如积极的教师支持、充足的课程资源、合理的课程执行环境等）的支持下，通过自身努力，带领学校人员有效地执行课程政策以实现课程改革目标的能力。④　具体而言：第一，校长需要关注"课程执行计划的内容是什么"和"谁来制定课程执行计划"这两个问题；第二，校长可以选择行政手段、激励、专业发展、课程共有和宣传改革这五种不同的方式来促进学校人员积极参与课程改革；第三，校长需要做好物质环境建设、制度环境建设、文化环境建设以及关系环境建设，为促进学校课程改革的发展提供保障。⑤

　　具体到中小学的日常生活世界，校长需要设计符合学校情况的课程执行方案，并在此基础上发挥学校资源条件的效用，从意识、能力、机会等方面全面助推教师课程执行能力的持续提升。教师课程执行往往由课程执行意识、课程内化能力、课程创生能力、课程重建能力和课程教学能力五个要素组成。其中，课程执行意识是课程执行力的根本基础，教师思想转变是其行为改变的根本；课程内化能力作为前

　　①　崔允漷,周文叶,岑俐,杨向东.校本课程规划:短板何在——基于Z市初中校本课程规划方案的分析[J].教育研究,2016(10):87-94.
　　②　何玉凤.校长的课程执行力及其角色定位变革[J].中小学教师培训,2006(04):23-26.
　　③　陈亚鹏.当前我国增强课程执行力的策略探析[J].当代教育科学,2005(07):30-34.
　　④　陈亚鹏.校长的课程执行力研究[D].华东师范大学,2006.
　　⑤　陈亚鹏.校长的课程执行力研究[D].华东师范大学,2006.

提条件,在教师课程执行中起着举足轻重的作用;课程创生能力是课程执行的核心要素,是整个课程执行过程的灵魂;课程重建能力是课程执行的内在要求;教学能力是其外在表现形式。① 中小学校长需要在核心素养的课程改革视域下,更新中小学教师的教育理念,促进教师思想的转变,将新理念、新思想内化为课程创生的契机,全面提升课程方案的执行力,不断提升课程教学的专业品质,从而最终将核心素养理念、目标落实到中小学课堂教学的专业实践,促进中小学生的全面、和谐、个性发展。

3.1.4　核心素养视域下中小学校长的课程评价

课程评价是指根据一定的课程标准或学业质量标准,以科学合理的方法来评测和诊断课程的目标、编订、实施是否实现了教育目的,以及实现的程度或状况如何,以判定课程设计与实施的质量与效果,并据此作出改进课程的决策。一般而言,课程评价是一个基于课程价值观的判断过程,往往能够体现评价者的价值观念和主观愿望;课程评价的方式是多样的,它既可以是定量的方法,也可以是定性的方法;课程评价的对象包括"课程的计划、实施、结果"等课程要素,也包括参与课程实施的教师、学生、学校,其终极目的在于提升学生的学习品质、教师的专业品质,从而促进学校的内涵发展。

面向核心素养和学科核心素养的课程评价是一种全新的评价,与以往的课程评价具有巨大差别。面向核心素养的课程评价往往是学校整体层面的课程评价,注重的是课程评价的专业指向性;面向学科核心素养的课程评价则是学科课程层面的评价活动,注重的是课程评价的专业实操性。学科核心素养的课程评价,要以判断学生的核心素养和学科核心素养养成情况为直接目标,在评价方法上兼顾学习结果与学习过程,在评价标准上要同时兼顾能力与基础,评价情境的创设要科学合理,要根据评价的需求、课标对学科核心素养及其等级水平的描述,选择恰当的评价内容,制定合理的评价标准和可行的评价方式,并命制有效的学科核心素养测评试题。② 事实上,核心素养观照下的课程评价是对课程能否满足学生核心素养发展的价值判断,是提供课程与学生核心素养发展关系信息的过程,是就学生核心素养发展在课程领域达成共识的过程。③ 走向核心素养的课程评价在评价理念上着眼于人的全面发展,着力于人的核心素养培育;在评价规则上消解二元对立的思维方式,彰显多元和合的思维品质;在评价方法上超越传统评价文化藩篱,体现多

---

① 朱桂琴.教师课程执行要素与影响因素探析[J].课程・教材・教法,2015(01):75-79.

② 肖广德,魏雄鹰,黄荣怀.面向学科核心素养的高中信息技术课程评价建议[J].中国电化教育,2017(01):33-37.

③ 王润,张增田,章全武.核心素养:课程评价的时代追求[J].教育理论与实践,2018(04):52-56.

元沟通、开放协商的精神姿态。①

　　目前,学校课程评价存在着不利于学生核心素养发展的问题,诸如教师的课程评价理念与改革趋向不吻合;学生课程评价的参与度低;注重显性的基础指标,忽视发展性高级指标;功利性严重,忽视健全人格的形成性评价;多元评价流于形式等。对此,学校课程评价应增强学生的评价参与度,探索开放式的评价标准,构建有利于学生发展核心素养的学校课程评价体系,将多元化评价落到实处。② 具体而言:第一,基于核心素养理念思考学校课程评价的转变,要抓住核心素养的内涵、课程评价的时代转变及课程评价现状之间的关系进行分析;第二,建设基于核心素养的学业质量标准,并以此为依据进行课程评价,从而发挥课程评价的导向性与激励性功能;第三,围绕核心素养基本点,精心设计课程评价内容,充分发挥课程评价的诊断性功能,促进课程教学改革的深入;第四,创新评价手段和方法,防止课程评价中的片面性和近视性,从而保证课程评价的科学性与合理性;第五,建立评价反馈机制,突出课程评价的对话特征,真正将课程评价的信息及结果予以及时反馈,促进学生的学与教师的教,促进师生的教学相长;③第六,通过对现有课程评价经验的总结,更新或完善相关的课程评价理念、评价方式、评价对象、评价形式和评价结果等;第七,在核心素养理念的指导下,结合学业质量标准的要求,创新评价手段和方法,在评价过程中利用课程评价的对话性来解决相关问题,从而使得学校课程评价实现深刻转变,为素质教育和课程改革的研究和推进添砖加瓦。④

3.2　中小学校长的课程领导现状

3.2.1　中小学校长的课程领导存在认识上的误区

　　从双基教育(基础知识、基本技能)到课程的三维观(情感、态度与价值观,过程与方法,知识与技能),再到核心素养的目标体系(自主发展、社会参与、文化基础),中小学的课程改革面临着巨大的挑战,这对中小学校长群体,提出了更高的专业要求,而其课程领导的现状不容乐观,面临着一系列问题。具体而言,第一,经过这些年课程改革的实践,中小学校长对有关课程理念、课程内涵以及自身所应具备的知

　　① 徐彬,刘志军. 指向核心素养的课程评价探析[J]. 课程·教材·教法,2019(07):21-26.
　　② 和学新,杨丹滋. 基于学生核心素养发展的学校课程评价策略探讨[J]. 当代教育科学,2017(10):18-22.
　　③ 王润,张增田,章全武. 核心素养:课程评价的时代追求[J]. 教育理论与实践,2018(04):52-56.
　　④ 吴少伟. 基于核心素养理念的学校课程评价的深刻转变[J]. 教学与管理,2020(06):40-43.

识与能力素养等问题有较深刻的体认,城市中小学与乡镇中小学的校长尽管在认识程度上有所差异,但对诸如课程性质、课程资源、隐性课程、影响课程实施的因素、校长的课程知识和校长如何制定课程目标等问题均有较高的认知程度。然而,中小学校长对课程领导理念与内涵的理性认识则明显不足,对诸如校长课程领导的角色、任务、意义、主体、影响因素与共同体建设等问题的认知状况不容乐观。第二,中小学校长普遍缺乏对课程领导的持续深入关注,在思想意识层面有轻忽课程领导的倾向,尤其存在着浅层化、碎片化的认知局限,在中小学课程领导的专业实践中,往往存在理论与实践脱节的现象。第三,乡镇中小学校长对基于核心素养的课程新理念,尤其是对课程领导的认识明显弱于城市中小学的校长。城市中小学校长更重视将课程领导的相关理念融入核心素养的课程改革主题之中,融入学校日常的课程与教学改革之中,并较为重视对课程领导本身进行反思与批判;而乡镇中小学校长则出现了不同程度的轻忽和漠视核心素养的现象,甚至存在抵触或排斥课程领导的现象。第四,中小学校长的实际工作与课程领导的理念仍有较大的距离。在所调查的部分中小学校长心目中,认清当前基于核心素养的课程改革形势,结合学校实际工作,探究课程目标与行动的一致性,认为这才是校长在领导学校进行课程改革时的主要任务,然后才会关注到建构愿景、凝结集体智慧、营造学校文化等。不可否认,中小学校长的这种课程理念与课程意识具有相当的普遍性,但也反映了中小学校长们对学校共同体、学校的课程文化、课程愿景,以及校长、教师、学生、家长共同参与课程与教学活动的一种轻忽,反映了课程领导的理念与内涵尚未真正融入中小学的实际工作领域。中小学校长对课程领导的认识,还更多地停留在传统的三级课程管理模式之中,这也从另一个侧面反映出,我们探讨和研究课程领导对于中小学长远发展的价值与意义。

聚焦当下课程改革的主基调,在核心素养的课程改革视域下中小学校长对课程领导这一问题的认识程度不一,总体情况不乐观,普遍存在轻忽的思想认识,而且对相关课程领导问题表现为混杂的认识,并未全面地体认课程领导的内涵。这也表明课程领导要深入中小学的实际工作中,还有很长的路要走,尤其在理念层面的倡导和引领,就显得尤为紧迫。课程领导首先是一种学校课程与教学的理念,其次才有各种各样、适宜于不同学校实际的课程领导模式。因此,我们需要在核心素养的课程改革视域下,不断加大校长对课程领导的学习力度,以便使校长在正确、深入领会课程领导意蕴的基础上,实现课程领导策略与模式上的创新和发展。

3.2.2 中小学校长的课程领导存在行动上的偏差

在集体座谈和深度访谈的过程中,有很多中小学校长反映,"在应试教育背景下,课程改革与课程领导都是一种理念层面的空谈""课程领导离我们的工作太远了,应试教育的重压是中小学面临的头等难题""只有改变应试教育,课程领导才有用武之地",诸如此类的看法至少反映了课程领导在实践中遭遇到的难题,反映了传统应试教育对课程领导理念与实践的巨大冲击与影响。应试教育尽管弊端很多,但我们在实践中不能把应试教育和素质教育简单地完全对立起来,不能把应试教育与课程改革及课程领导等完全对立起来,抛开素质教育的学校是不能与时俱进的,抛开应试教育的学校在实践中也是寸步难行的。如何在应试教育与素质教育交锋的现实背景下,实现中小学真正的课程领导,既是一个难题,也是一个影响学校跨越式发展的关键性问题。尽管应试教育有其发展的历史积淀和现实基础,但应试教育本身就是教育的异化,它异化了教育的目的和功能,造成了学校教育对学生多方面素质与身心发展的漠视或轻视。良好的课程领导能够有效地革除教育中的弊端,指向学校的长远发展,指向学生与教师的共同发展。因此,课程领导的理念与素质教育、应试教育密切相连,但却是两个问题、两个范畴,课程领导与应试教育不是一个逻辑层面的问题。

事实上,核心素养与课程改革的深化有着直接的、深度的关联。这种直接、深度的关联主要体现为,它规定了课程改革的方向与宗旨,是课程改革的核心目标,是教材编写、教育教学、考试评价、制度管理的根本依据。它是"国家标准",根据这一标准制定的学业质量标准,可以明确学生完成不同学段、不同年级、不同学科应达到的程度要求,可以指导教师准确把握教学的深度和广度,可以使评价更加准确反映人才培养要求。同时,培养和发展学生的核心素养,是国家发展战略,尤其是国家人才发展战略在教育改革领域的主要体现和具体要求,同时,也是培育和践行社会主义核心价值观这一根本任务在教育领域落实的重要措施和必要途径。因此,核心素养正是要准确而具体地回答"培养什么人、怎样培养人"的问题,核心素养这一主题的实质就是回答立德树人的根本任务。[①] 2016 年教育部发布《中国学生发展核心素养》,进一步为素质教育指明了发展方向,明确了具体内容。核心素养的提出细化了素质教育,核心素养所涵盖的"三个方面、六大素养、十八个基本要点",为素质教育的推进找到了立足点。某种意义上说,核心素养就是指一个人成功应对实际生活中某种活动所需要的"胜任力或竞争力"。核心素养研究超越素质教育,主要表现在,关注新的时代背景下人的素质(素养)培养问题,通过对素质(素养)含义及其结构的理解更关注人成功应对复杂情境中实际活动的需要,对核心素养结构的分析结论有助于更全面地把握人的素质结构。[②] 同时,核心素养十八个基本要点要落地生根,也就需要落实在中小学的素质教育活动中,落实在中小学课堂内外,落实在教师与学生之间。在长期的素质教育实践中,中小学校和一线教师已经开通了很多渠道,搭建了许多平台,探索了诸多策略。我们需要立足提升学生核心素养,指导国家课程的创造性实施,指导校本课程的特色化建设,指导学校活

---

① 　成尚荣.核心素养:开启素质教育新阶段[N].中国教育报,2016 - 05 - 18(009).

② 　陈佑清."核心素养"研究:新意及意义何在? ——基于与"素质教育"比较的分析[J].课程·教材·教法,2016(12):3 - 8.

动的系列化设计,而最为重要的是改造我们的课堂,从而深入推进素质教育,全面落实立德树人。[①]

此外,在访谈的过程中,中小学校长们在一定程度上表现出对课程领导角色观的困惑,他们对诸如教育改革者、专业领导者、文化领导者与协同合作者等课程领导角色往往缺乏细致深入的理解。他们认为所谓的一系列课程领导角色都与实际的学校工作有较大差距,课程领导角色观之间也会有冲突与矛盾。课程领导角色背后的社会期望,以及每一种角色所要求的行为规范、责任和义务都相对比较笼统模糊。不同学者提出了不同视角下的课程领导角色观以及任务观,各有其合理性以及现实性所在,但往往会造成校长们对课程领导认识上的某种混乱,需要对诸多的课程领导角色观进行比较分析,进而提出较为全面的课程领导角色观,然后对课程领导的角色观进行任务分析研究,并且能够真切地反映出课程领导的核心理念,诸如塑造愿景、共享资源、建构对话、形成专业社区、发展专业知能、打造学校文化和提升学生学习品质等。

3.2.3 中小学校长的课程领导存在制度层面的困惑

核心素养的培养或培育,关键是在实践操作层面有对应的课程来支撑,课程是最能发挥学校育人功能的载体,有效的课程领导是课程政策得以实施的前提。课程领导既有行政特性,也有专业特性。课程领导的行政特性强调主体的行政身份和行政权力等问题,偏重于主体处理课程行政事务和管理下属的职权问题;而课程领导的专业特性则强调主体知识经验的丰富性、深刻性和独到性,偏重于主体处理课程教学事务和影响同事的职能问题。当前我国课程领导的主要问题是行政特性过强,而专业特性不足,并且存在一种倾向——以行政特性干预、压制甚至取代专业特性,而不是尊重、激励、依靠和扩展专业特性。我国基于核心素养的课程改革更加强调将各个学科的核心素养转化为学生的素质,这对课程领导的专业性要求更加提高。[②]

同时,课程领导所倡导的学校共同体共同参与课程领导的情况并不理想,进而有关课程领导的制度建设问题也不容乐观。我们知道,好的制度是改革的有效保障,课程领导的实施,一如我们的教育教学制度一样,需要回归到日常的、具体的课堂情境中。课程领导并不是虚无的课程理念,它是我们日常教育教学活动更高层面的要求,它落脚于学生的主动课程学习和教师的主动专业发展,落脚于学校、教师、学生、家长的互动和资源整合。我们进行学校课程与教学的实践,需要从实际出发,提高对教师、学生、家长的课程要求,但却一定要落实于实际的课程与教学问

---

① 刘永和.核心素养:素质教育的当下特征[J].上海教育科研,2017(02):1.

② 肖驰,赵玉翠,柯政.基于核心素养的课程政策——第十三届上海国际课程论坛综述[J].全球教育展望,2016(01):113-120.

题,有的放矢、因地制宜、因时制宜。这样的制度才是有生命力的制度,这样的制度才能真切地改变学校的课程与教学的面貌,才能切实地帮助学校进入良性的发展循环之中。此外,中小学与家长、中小学与社区的联系比较松散,并未把家长和社区人员纳入学校发展的共同体之中,并未在制度上对上述调查的问题予以保障。

在与中小学校长座谈的时候,也有很多校长表达了对课程领导制度层面的困惑,这当然是一个复杂的问题,但却真切地阻碍了课程领导在微观层面的落实。所访谈的中小学校长们普遍反馈的问题主要包括:学业评价、教师评价、课程权力、课程设计、课程实施、课程评价、生源、师源、家长的教育背景和社区资源的匮乏这几个方面。而且,中小学校长对课程领导制度设计方面的困惑主要集中体现在学业评价、教师评价和课程评价方面,这也说明了课程领导理念与当下教育评价理念的冲突与差异。如何在教育评价的标准、模式和手段等方面,把课程领导的理念评价注入其中,这是课程领导制度设计的根本所在。因为,评价既是改革的标尺,也是改革的导向。在生源、师源、家长和社区等方面,农村中小学遭遇到了更大的实际难题,农村地区的家长和社区离我们所倡导的课程领导有更大的差距,农村中小学的课程领导与城市中小学应该有所差别,我们的课程领导也应因时制宜、因地制宜、因校制宜。

总体而言,随着基于核心素养的新课程政策的推进,未来课程改革的关注点不仅在全体学生的基础性学习需求和全面发展的需要上,还在部分学有余力学生的个性化需求上。未来中小学教育改革要以适应学生不同素养需求为旨归,以满足创新素养培育需要为突破口,以课程改革和建设为纽带探索育人模式的创新。目前上海已有一些学校在关注优秀学生的个性化需求的课程设置上进行了探索,建立了加速性课程、丰富性课程、专设性课程、综合性课程等。未来针对创新人才的培养,还应更加推进改革,建立适合学生创新潜能培养的课程体系和支持系统,推进适合学生创新培养的教与学方式的变革,建设和拓展适合学生创新潜能培养的资源系统。[①]

3.2.4　中小学校长的课程领导存在共同体建设层面的乏力

20 世纪 90 年代以来,传统的以"封闭""竞争"为主要特征的教师专业发展模式已经与全球化背景下的"开放""合作"格格不入,也受到越来越多的专家、学者的批判。新型的教师专业发展模式——从彼得·圣吉提出、后来在教师专业发展的理论与实践领域得到验证的"学习型组织",到在此基础上发展完善起来的"专业学

---

① 肖驰,赵玉翠,柯政.基于核心素养的课程政策——第十三届上海国际课程论坛综述[J].全球教育展望,2016(01):113-120.

习共同体",受到了越来越多的专家、学者的关注和认可。^① 与此同时,核心素养视域下的课程改革需要有高水平的专业师资,教师专业发展需要与课程改革同步前行。这也需要中小学校长注重专业学习共同体建设,进而促进教师专业发展和课程改革的互动与双赢。

事实上,专业学习共同体是教师专业发展过程中的一种学习方式,它是以教师个体在教育教学实践中所遇问题为纽带,以平等的协商对话为手段形成的一种民主开放的学习型组织。^② 中小学专业学习共同体主要特征表现为:教师群体成员在共同愿景的指引下相互协作、共谋进步,共享发展资源,努力实现群体与个体的共同发展。近年来,大量的国内外相关研究证明,专业学习共同体的构建打破了长期以来所形成的中小学的工业化模式。在新型的、构建了专业学习共同体的中小学之中,传统中小学的校长专制被所有教师员工共同参与的领导所取代;过去的那种由校长或个别领导所提出的发展规划被所有教师员工共同提出的愿景所取代;教师员工之间的相互猜疑、竞争一去不复返,代之以教师员工之间齐心协力的协同学习、亲密合作、共同发展;传统学校中的教师个体自我封闭、孤立无援的个人奋斗与个人发展也被当今学校在物质、精神两个层面的大力支持以及教师之间以协商合作为基础的全体教师的共同发展所取代。如果把学校构建成专业学习共同体,全体教师员工就会在共享的愿景与价值观的引领下,在学校精神与物质等方面的全力支持下,在最优的环境之中相互支持、亲密合作、协作学习,以实现其共同发展并最终达成促进学生发展的目标,从而实现学校的变革与发展。^③

就专业学习共同体建设与中小学校长课程领导的现实状况而言,中小学校长们在座谈中都认识到共同体建设对学校长远发展的重要性,都意识到共同体建设是在中小学实施课程领导的重要组织形式。共同体建设关涉到中小学校长的领导转型,它将道德领导置于首位,通过共同愿景、系统开放和合作文化的协同,促进学校的课程改革与发展。但是,在座谈中校长们普遍认为,当前中小学的学习共同体仍然比较薄弱,仍然有不少中小学存在刚性的管理模式,道德领导与校长的领导行为也存在较大的差距。中小学校长在不同程度上缺乏对道德领导的认识与思考,不能够有效地把所谓的道德领导同自身的专业发展密切结合在一起,往往停留在理论层面的体认。而且,有不少校长并未充分重视学校文化在共同体建设中的重要性,依然把领导的重心放在行政事务或人事事务之中。而且,无论构建何种模式的学习共同体,都对校长提出了一系列的诉求,校长需要重视共同体的建设,重视

①　任宝贵.专业学习共同体——中小学教师专业发展的新途径[J].当代教师教育,2014(04):21 - 24.

②　王凯.试论中小学教师专业发展共同体建设路径[J].当代教育科学,2014(22):53 - 55.

③　任宝贵.专业学习共同体——中小学教师专业发展的新途径[J].当代教师教育,2014(04):21 - 24.

把共同愿景、价值观以及特色文化等都融入学校共同体建设之中,这些无不对校长的专业理念、专业知识、专业能力和专业精神提出了更高的要求。因此,构建学校共同体是促进校长专业发展的有效方式,自然也会对校长自身的领导素养提出更高的要求。共同体建设关乎学校的长远发展,关乎教师与学生的共同发展,关乎课程和教学改革与实际工作的有机结合。共同体建设不是有没有必要的问题,而是能不能、可以不可以落到实处的问题。中小学专业共同体的建设情况不容乐观,这既有现实的、客观的影响因素,也同学校发展的"软实力"密切相关。

3.3　中小学校长课程领导的影响因素分析

3.3.1　自身的专业发展影响着中小学校长有效的课程领导

中小学校长专业发展的水平是有差异的,中小学校长的领导风格也各不相同,校长们自身的领导素养直接影响着中小学课程领导的有效实施。中小学校长自身的"专业问题""风格问题"是学校领导工作中最大的"软实力",它既体现在校长们思想意识层面的差异,也体现在领导特质、领导行为方面的差异。校长课程领导在学校课程建设的各阶段会出现较为明显的取向差异:在执行性阶段,校长领导课程具有应付式执行、理解式执行、下推式执行和担纲式执行的取向差异;在调适性阶段,校长课程领导会出现守成性再构、开拓性探究、责疑性督促和欣赏性协同的取向差异;在学校课程建设自觉化阶段,则出现外驱式自觉、内驱式自觉、融合式自觉的取向差异。学校课程水平之间的差距在一定程度上是由不同阶段校长课程领导取向差异的累积效应带来的分层结果。[①]

下面的材料是中小学校长集体座谈的一次访问实录,从中我们可以看到课程领导对中小学校长领导能力的诸多挑战,也在某种程度上展现了校长们对中小学实施课程领导的真实回应。

中小学校长座谈记录

主持人:各位校长上午好,今天很高兴能再次请到诸位校长来参加我们这次的座谈。上次就课程领导的理念各位做了热烈的讨论,今天我们接着上一次的话题进一步延伸——作为校长,要更好地实现课程领导所赋予的角色与任务,应具备怎样的能力素养?请在座的校长积极发言、激烈争论。

校长甲:那好,我就先抛砖引玉。校长的工作本身就要求校长具备多方面的能

---

① 吴晓玲.校长课程领导的取向差异与水平分层探析[J].课程・教材・教法,2018(06): 111-117.

力,比如规划计划的能力、组织协调的能力、人事管理和教学管理的能力等等。课程领导作为一种新的理念,它肯定除了要求校长具备上述这些能力之外,还应有更新的素养和能力。我认为,课程领导要求校长发挥其个人威信与魅力,它是一种道德领导的内在要求,共同体的建设、对教师专业发展的引领、对学校文化氛围的营造,无不要求校长专业威信与个人魅力的彰显,道德领导是课程领导对校长提出的根本要求,校长的能力要适应道德领导的内在要求。

校长乙:我倒觉得,课程领导的根本在于校长"教育者"角色的功能实现,教育者的角色要求校长首先是一个教学专家,然后才是一个领导者,这就对校长的专业素养提出了很高的要求。我们中小学的领导者大多是从一些教学岗位上选拔上来的,一般都具有丰富的教学经验,但是课程领导则对校长的教学专业有更高的理性要求,不仅要用新的教育理念进行课程设计、课程实施和课程评价,还要能够让教师和学生,甚至是家长在课程中获得发展。我在对这一理论表示赞同的同时,也觉得理论好像离我们的学校实践远了些,很多外在的条件和环境限制了中学的课程领导,但作为校长提高教育教学方面的知识素养和指导能力,无疑是非常重要的。

校长丙:我同意校长乙的观点,我们不能全盘按照课程领导的理想来做,但其中有益的成分和有价值的观点,是值得我们学习和借鉴的。我认为,作为一名校长,要从自身的人格或者说自身的特质入手,不断加强修炼。比如,课程领导强调共同体、强调共同愿景、强调学校的课程文化等,这些要求校长不仅要有专业地位或权威,而且要有能为人所认可的个人魅力,开阔的视野、敏锐的观察力、高超的协调艺术、善于沟通的语言能力等等,我觉得这方面的能力素养也很重要。

校长丁:我不太同意几位的观点,可能和大家所在学校的环境不同吧,我总觉得在我们那个山区的乡镇中学,不大可能实现所谓的课程领导,我们能够在现有的水平上,稳步提升办学质量就已经不易了。所以作为校长这一领导角色,行政角色以及行政管理能力还是很重要的。当然了,我不否认课程领导对校长的挑战和要求,但我觉得课程领导不能脱离校长当下的工作状态,不能空中楼阁,要落实在校长的实际工作中,这样的课程领导才是我们所希望和欢迎的。

校长戊:略。

校长己:略(基本观点同前边的校长相同)。

上述所选编的访谈记录基本涵盖了所调研中小学校长对课程领导的理解与认识,也反映出了课程领导对校长自身素养的基本要求或需求。课程领导需要校长实现"教育者""领导者"和"行政者"三重角色的整合,要求校长实现领导方式的转化,逐步走向道德领导、合作领导等新的领导模式。在这一过程中,校长自身的知识素养、能力结构以及人格特质都面临新的挑战与要求。课程领导对中小学校长而言,不仅仅是一个新的学术名词,而是对日常专业生活实践的一种新的诠释,是新的课程理念与教育改革的内在需要和发展趋势。课程领导要求校长扮演教育理想家、系统改革者、协同合作者、公开支持者、建构认知者和评鉴回馈者。① 这些新角色的功能发挥,需要校长在知识、能力以及人格等方面进行修炼,努力促进自身的专业发展。这既是课程领导相关研究的进一步延伸,也是校长专业发展研究的关键所在。校长的专业发展要适应课程改革,要适应课程领导的内在要求,同时要关涉到校长的专业实践和生活实践,这样的专业发展才是校长专业化的根本所在。随着校长自身业务素养与能力的进一步提升,课程领导的许多合理的东西,才能真切地深入到我们的中小学,深入到教师、学生和家长的生活世界中来。

3.3.2　应试教育的强压

学校教育具有功能的多极性,培养人的功能、社会化的功能往往在实践中让位于筛选人的功能。学校教育的功能多极性,一步步使得教育偏离了自身的轨道,尤其是应试教育所具备的筛选功能,放大了教育的功利价值,使得教育的目的不再是人的培养,而成为考试的附庸。尽管应试教育有其发展的历史积淀和现实基础,但应试教育本身就是教育的异化,它异化了教育的目的和功能,造成了学校教育对学生多方面素质与身心发展的漠视或轻视。素质教育要矫正应试教育的目的与方向,要克服应试教育对学生诸多素质的偏狭,但教育实践中的无奈,在一定程度上反映了素质教育自身遭遇的口号主义,反衬了应试教育所具有的功能多极性。

学历主义的功利价值观一直影响着我们的学校教育,升学的竞争、高考的压力、职业与未来生活的选择,无不投射到我们的日常教育生活实践中来,这恐怕也是应试教育根深蒂固的根本因素。功利主义的价值取向是一种社会现象,而学历主义的功利价值观则是制约学校教育的根本性因素。并非素质教育不好,也并非应试教育没有弊端,但应试教育却成为这种教育价值取向的最好注解。当素质教育遭遇到这种价值取向时,不是显得苍白无力,就是歪曲了素质教育的应有之意。事实上,应试教育的存在反映了学历主义价值观和长期的惯性思维,而素质教育理论的真空与自上而下的行政色彩往往会加剧口号主义与形式主义的泛滥,这会为我们的素质教育制造诸多纷扰或障碍。应试教育弊端的革除,不是一朝一夕可以解决的,素质教育的全面实施也非短时间可以完成,我们需要在理想的素质教育和现实的应试教育之间建桥铺路,谋求长期的衔接和转变。理想的素质教育首先要转变为现实的素质教育,它要符合教育实践领域内的实际需要,要实现应试教育的不断矫正。素质教育的改革与发展还要矫正歪曲的素质教育,要努力克服口号主义与形式主义带给素质教育的诸多纷扰。②

在这样一种认识的基础上,课程领导与应试教育也不是一个逻辑层面的问题,课程领导是教育改革的趋势和要求,而且也是教育实践的内在要求。事实上,应试

① 台湾海洋大学师资培育中心.课程领导与有效教学[M].北京:九州出版社,2006:23.
② 孙二军.素质教育缘何遭遇困境[J].现代教育管理,2009(08):11-13.

教育也需要教师、学生、家长的共同体,也需要教师专业水平的提升,也需要学生心智水平的不断提升。但是,应试教育所指向的课程领导往往偏狭地指向学生应试的心智水平,指向教师应试的专业发展,指向以应试为唯一指标的共同体建设,这就在一定程度上造成了课程领导的偏失。我们所倡导的课程领导重视学生整体素质的提升,全面发展学生的心智水平,立足学校共同体的建设,着力教师的专业发展,从而提升学校的教育质量。应该说,课程领导的理念与素质教育、应试教育密切相连,但却是两个问题、两个范畴,这是我们需要明晰的。课程领导是一个多层级的动态运行系统,课程领导即课程领导者引导组织成员共同创建愿景,在此目标指引下自主、自律、携手同心进行课程实践的活动过程。它是一个多层级的动态运行系统,通过成员专业发展、组织文化再生等最终抵及课程品质、学生学习品质与身心素质的提升。在实际的调研过程中,我们部分的中小学校长总是有意无意地把课程改革、课程领导等问题混淆,事实上他们之间是有区别也有联系的,即便是应试教育也有其课程、课程领导,也需要课程方面的改革。好的课程、好的课程领导就是要能着力革除教育中的弊端,指向学校的长远发展,指向学生与教师的共同发展。

3.3.3 课程领导角色定位不清

基于核心素养的新一轮课程改革在赋予学校一定课程权力的同时,也要求中小学校长及时转变角色,以适应课程改革的需要。首先,校长不可能再像过去那样过分强调管理的经营职能,而应该强调对课程和教学的领导职能,必须把课程领导作为学校工作的重中之重;其次,校长应该转变过去单纯地执行国家课程计划的观念,从过去执行国家课程计划的指挥员变为学校课程的领导者,要协调好国家和地方课程,明确自己的课程管理权限,行使国家下放到学校的课程权力,积极与教师一起发现学校存在的问题,并带领教师分析、解决这些问题,主动担负起自己在课程开发、整合、实施等方面的责任和义务,领导整个学校积极开展课程的优化整合,促进国家课程和地方课程的转化;再次,校长应该从原来行政领导转变为专业领导,从自身做起,不断学习,提升自身的专业素养,以具备宽厚的专业知识能力,从而带动全校教师转变;最后,校长应该从过去发号施令者转变为学校课程的研究者,带领教师一起分析学校和区域实际,研发具有学校特色的校本课程,从而促进每个学生的发展。不过,遗憾的是,现实状况与教育理念相去甚远,中小学校长领导角色存在定位不清的情形。中小学校长往往只是国家课程的实施者,是课程指令的执行者。长此以往,他们就适应了"行政人员与教学领导"这一角色,习惯于线性地、单向地、机械地按照上级的行政指令实施课程。当把他们推到课程改革的风口浪尖时,当把课程开发和设计的权力下放给他们时,他们很难从过去"行政人员与教学领导"的角色中抽离出来,把自己武装成课程改革舞台上的领导人,也不能随着新的课程改革对身份和角色的要求而变通其行为。① 基于此,校长作为学校的课程领导者,应该兼具行政权与专业权,二者缺一不可。校长要成功实施课程领导,做有"权"的"内行"领导是一个必要条件,并使课程领导从"行政指令"向"课程协商"过渡。②

3.3.4 国家课程校本化的现实挑战

国家、地方、学校隶属于课程管理的不同层级,每一层级都有其需要表达的利益诉求和必须践行的职责使命。在需求和使命间,人们"总是更倾向于用最节省的力气把事情办好"。在我国现行的课程运行体制下,存在着三级课程管理层级间的矛盾和三级课程管理样态与课程领导愿景间的矛盾。这些矛盾产生的原因有:权力的缺失、专业的乏力、角色的缺席、主体性的遮蔽和制度的掣肘。③ 通常情况下,国家课程主导着中小学课程教学的主要内容,而地方课程与校本课程存在着较为普遍的泛化现象。因此,中小学校长的课程领导,需要在国家课程、地方课程与校本课程的三级体系下,合理建构符合学校实际状况的课程建设方案或课程改革方案,这也是中小学校长课程领导需要正视的现实需求。

与此同时,在核心素养的视域下,新一轮课程改革倡导国家课程的校本化。国家课程校本化实施可以理解为一个课程实施创意行动,即在充分尊重国家课程意志的前提下,把书本世界与生活世界连接起来,遵循课程形态转换的规律与学习规律,充分关注校情、班情、学情,对课程作调适、对课堂作创生,让每个学生获得与之相适合的学习活动。④ 这就要求在国家课程校本化过程中,充分重视教师参与下的课程集体审议,它不仅凸显出课程决策体制变革的重要性,而且昭示了学校治理机制创新的紧迫性。落实到国家课程校本化的实施路径,我们从教育现代性精神的视角来看,"公平而有质量"是课程开发理念上的坚守,"探究中对话"是课程研发过程的常态,而"多主体参与"则带来课程治理上的诉求与回应,这些都将进一步增进学校现代化品质的涵养、促进基础教育的内涵式发展。⑤

3.3.5 中小学校长课程领导相关培训工作的匮乏

课程领导的相关专题培训活动能够较好地促进中小学校长的专业发展,然而

① 乔资萍.小学校长课程领导的困境[J].当代教育科学,2017(06):34-37.
② 鲍东明.中小学校长课程领导:文化与实现机制[J].教育研究,2017(10):46-51.
③ 李娜,陈旭远.我国课程领导层级的矛盾冲突、归因分析与解决对策[J].教育理论与实践,2019(14):47-49.
④ 宋林飞.国家课程校本化实施的系统理解与整合行动[J].上海教育科研,2019(04):63-67.
⑤ 杨小微.从实施到开发:国家课程校本化的新走向[J].课程·教材·教法,2019(05):44-49.

当前课程领导的专题培训,无论在内容上,还是在培训形式上都还很不成熟,主要表现在:课程领导的专题培训在培训内容上显得比较薄弱,缺乏实践经验的支撑;由于专题开发的力度不足,在培训形式上比较单一,多侧重于理念上的讲授学习,与以往的专题培训比较,课程领导的专题培训还处于起始阶段,这也在一定意义上表明了课程领导培训工作的意义和紧迫性。由于课程领导缺乏厚实的课程资源,在模式剖析、案例分析、经验交流与反思对话等环节,都与以往的专题培训有很大差距。因此,从总体上讲,课程领导的相关培训工作比较匮乏,在校长专业化的现实背景下,我们需要加大对课程领导专题的开发力度。

事实上,"一个好的校长就意味着一所好的学校",好校长从何而来?校长培训工作的质量直接关乎校长的专业发展,不同级别、不同类别、不同形式的校长培训是校长专业发展的重要途径和有效手段。我国中小学校长的培训工作从 20 世纪90 年代开始至今,已经走向法制化的轨道。其重要标志是 1999 年 12 月,教育部颁布第 8 号令——《中小学校长培训规定》,其中对中小学校长培训对象、原则、内容与形式、组织和管理及培训责任等作出了 25 条规定。[①] 我国已经形成了较为完善的各级、各类别的校长培训体系,这无疑极大地促进了校长专业队伍的建设。在中小学校长培训课题设置上,我们不仅要有科学的教育理论做基础,而且必须体现鲜活的时代性,与教育改革发展同步,用以解决教育的热点、难点问题。

我们所倡导的课程领导就是当前教育改革和学校发展的热点和难点问题,具有相当的前瞻性和愿景性,它不仅对于中小学的长远发展和课程改革的深入意义重大,而且对广大中小学校长的专业素养与能力也提出了新的挑战与要求。因此开发和挖掘课程领导的专题培训既是今后校长培训工作的趋势,也是当前校长培训工作的热点问题。课程领导的相关专题培训,要真切地关涉到中小学的教育实践,关涉到中小学的课程与教学改革,就需要我们加强对课程领导的理论研究和实践摸索,加大对校长进行课程领导理念与实务方面的培训力度,更好地促进中小学校长的课程领导。

第4章 幼儿园园长的课程领导

为深入贯彻《国家中长期教育改革和发展规划纲要（2010—2020 年）》（以下简称《纲要》）和《国务院关于当前发展学前教育的若干意见》（国发〔2010〕41 号），指导幼儿园和家庭实施科学的保育和教育，促进幼儿身心全面和谐发展，于 2012 年 10 月 9 日由教育部正式颁布《3—6 岁儿童学习与发展指南》（以下简称《指南》）。《指南》旨在用科学的儿童观、教育观和质量观，引领幼儿园内涵发展，提升幼儿教师专业素养，引导家长正确的育儿观念，进而形成遵循儿童发展规律、尊重幼儿园工作规律的教育氛围与环境，自觉抵制诸如"小学化倾向"等不良的甚至错误的教育现象，从而促进学前教育质量与水平的全面提升。事实上，《指南》为教师和家长了解幼儿的身心发展规律和特点、观察理解幼儿的发展状况、支持其学习与发展提供了科学依据和更加具体、可操作的指导；《指南》为广大家长科学育儿提供了权威性的参考和指导，对切实转变广大家长的教育观念，提高科学育儿能力，与幼儿园达成共识，形成教育合力具有重要的现实意义；《指南》能够引导全社会形成关于早期学习与发展的正确认识，降低"信息不对称"状况，增强对各种不科学、伪科学和反科学的所谓"早期教育"的识别和抵制能力。因此，研制、颁布和落实《指南》，不仅能够推进学前教育管理的科学化、规范化，而且能够提高幼儿园教师专业素质和实践能力，从而全面提高学前教育质量。幼儿园园长需要在课程建设和幼儿园保教活动中，深入贯彻和落实《指南》的核心精神，并以此作为促进教师专业发展的重要推手，从而促进幼儿园的内涵发展。这也是幼儿园园长课程领导的关键所在。

4.1 《指南》背景下幼儿园园长的课程领导

4.1.1 《指南》的解读与思考

1.《指南》出台的背景

《纲要》把加快发展学前教育作为落实教育优先发展战略的重要举措，确定了到 2020 年基本普及学前教育的战略目标。国务院下发了《关于当前发展学前教育的若干意见》，确定了坚持公益普惠，构建学前教育公共服务体系的基本方向，出台了一系列加快发展学前教育的重大举措。其中，第一条中提到"保障适龄儿童接受基本的、有质量的学前教育"，第八条中提到"建立幼儿园保教质量评价的监控体系"。在"十二五"期间中央财政安排 500 亿元,重点支持中西部地区和东部困难地区发展农村学前教育。各地以县为单位实施学前教育三年行动计划,全面推进学前教育的改革发展。学前教育改革发展取得了前所未有的历史性成就,全国学前三年毛入园率增长了 11 个百分点,各地普惠性资源快速增加,财政投入大幅增长,幼儿园师资队伍建设不断加强,"入园难"问题在全国范围开始逐步缓解。与此同时,"入园难"到"入好园难"的转变,将加强科学保教提上重要议事日程,摆上重要位置。因为没有质量保障的学前教育难以承担学前教育公共服务,更难以承担为亿万幼儿终身发展和未来国家综合实力奠基的重大历史使命。[①] 幼儿教育的质量关系着数千万幼儿的发展,寄托着数千万家庭对美好生活的期盼,提高幼儿教育质量已经成为建设社会主义和谐社会的重大民生工程。此外,联合国儿童基金会总部从 2002 年开始,在全球的发展中国家发起了一个制定早期儿童的学习与发展标准的"遍及全球项目"(Going Global Project),其目的是"从保护儿童权利出发,通过制定明确的儿童学习与发展标准,以提高早期教育的质量"。目前参与该项目的国家包括中国在内已达 20 个,其中亚太地区的国家占了较大比例。研制儿童学习与发展的标准已经成为国际学前教育发展的基本趋向与现实需要。基于此,在国内外学前教育发展的大背景下,《指南》的研制、颁布及落实,就显得意义重大。

2.《指南》的价值与意义

贯彻落实《指南》是加强科学保教,推进学前教育管理科学化、规范化的重要举措。改革开放以来,我国学前教育事业取得了长足发展,适龄幼儿的入园机会不断扩大,幼儿园的保教质量逐步提高。教育部先后下发了《幼儿园工作规程》《幼儿园教育指导纲要(试行)》等一系列重要规章制度,对有效转变广大幼儿园教师的教育观念,规范和指导幼儿园保育教育工作发挥了重要作用。面对新世纪第二个十年教育改革与发展的历史重任,中共中央、国务院颁布教育规划纲要,明确提出要把提高教育质量作为今后教育改革发展的核心任务,建立以提高教育质量为导向的管理制度和工作机制,这是指导今后各级各类教育管理和制度建设的总体方向和要求。《指南》正是在这样的新形势下应运而生,为教师和家长了解幼儿的身心发展水平和特点提供了更加具体、可操作的依据和指导。《指南》的下发,标志着我国学前教育管理制度的进一步健全与完善,必将促进我国学前教育管理的科学化和规范化,对于推动学前教育科学发展具有重要的历史意义。

贯彻落实《指南》是提高幼儿园教师专业素质和实践能力,全面提高学前教育质量的一项紧迫任务。《指南》全面、系统地明确了 3—6 岁每个年龄段幼儿在各学习与发展领域的合理发展期望和目标,也对实现这些目标的具体方法和途径提出了具体、可操作的建议。正确领会和理解《指南》的理念和要求,熟知 3—6 岁幼儿

---

① 李天顺. 以贯彻落实《指南》为契机,推进学前教育科学发展——在《3—6 岁儿童学习与发展指南》培训班上的讲话[J].学前教育研究,2012(12):4-7.

的身心发展特点和行为表现,是每一个学前教育工作者最基本的专业知识和实践能力要求。《指南》出台对全面提高广大幼儿园教师的专业素质和教育实践能力具有重要的指导意义。

贯彻落实《指南》是普及科学育儿知识,防止和克服"小学化"倾向的有效手段。近些年,广大家长对学前教育的重视程度不断提高,但普遍缺乏正确的教育观念和科学的引导,加上应试教育的影响和各种商业性宣传的误导,社会上信息不对称的问题越来越突出,很多家长牺牲了孩子快乐的童年生活,盲目追求"提前学习""超前教育",不仅让幼儿"伤"在了起跑线上,也严重干扰了幼儿园的办园方向和正常的教育教学秩序。《指南》的出台,为广大家长科学育儿提供了权威性的参考和指导,对切实转变广大家长的教育观念,提高科学育儿能力,创设有利于幼儿健康成长的良好社会环境具有重要的现实意义。

3.《指南》的核心内容

《指南》是基于 3—6 岁儿童身心发展的规律与学习特点以及对我国幼儿学习和发展状况的调查研究,以一整套比较科学、明确、具体的标准、指标与支持性策略活动,来反映国家对 3—6 岁儿童学习与发展的方向以及应达水平的合理期望,并体现国家对幼儿教育的方向与质量的基本要求。

《指南》着重强调了要充分认识生活和游戏对幼儿成长的教育价值,严禁"拔苗助长"式的超前教育和强化训练,成人不应用"一把尺子"衡量所有幼儿等先进教育理念。针对当前学前教育普遍存在的困惑和误区,为广大家长和幼儿园教师提供了具体、可操作的指导和建议。具体而言,《指南》从健康、语言、社会、科学、艺术等五个领域描述幼儿学习与发展,分别对 3 至 4 岁、4 至 5 岁、5 至 6 岁三个年龄段末期幼儿应该知道什么、能做什么、大致可以达到什么发展水平提出了合理期望。

《指南》提出了幼儿园课程建设需要遵循的基本原则。第一,遵循幼儿的发展规律和学习特点。珍视幼儿生活和游戏的独特价值,充分尊重和保护其好奇心和学习兴趣,创设丰富的教育环境,合理安排一日生活,最大限度地支持和满足幼儿通过直接感知、实际操作和亲身体验获取经验的需要,严禁"拔苗助长"式的超前教育和强化训练。第二,关注幼儿身心全面和谐发展。要注重学习与发展各领域之间的相互渗透和整合,从不同角度促进幼儿全面协调发展,而不要片面追求某一方面或几方面的发展。第三,尊重幼儿发展的个体差异。既要准确把握幼儿发展的阶段性特征,又要充分尊重幼儿发展连续性进程上的个别差异,支持和引导每个幼儿从原有水平向更高水平发展,按照自身的速度和方式到达《指南》呈现的发展"阶梯",切忌用"一把尺子"衡量所有幼儿。

4.《指南》引发的思考

(1)《指南》的称谓

"指南"一词被引申为"指导""导向",比喻"辨别正确方向的依据"。"标准"一般被定义为衡量事物的依据或准则。《指南》这一名称,能够突出与强调其"指引"

"导向"的功能,这也比较符合我国当前幼儿教育的现状及特点,同时也能够充分考虑到我国公众的文化心理和思维习惯等。

《指南》既引导幼儿的学习,也同时引导幼儿通过学习所要达到的发展的结果。这样,《指南》成为幼儿学习与发展共同的目标导向。因此,《指南》以为幼儿后继学习和终身发展奠定良好素质基础为目标,以促进幼儿体、智、德、美各方面的协调发展为核心,通过提出3—6岁各年龄段儿童学习与发展目标和相应的教育建议,帮助幼儿园教师和家长了解3—6岁幼儿学习与发展的基本规律和特点,建立对幼儿发展的合理期望,实施科学的保育和教育,让幼儿度过快乐而有意义的童年。需要明确的是,《指南》是通过引导幼儿学习与发展的方向来表达国家对幼儿教育的要求,而不是对幼儿的具体发展水平或者发展方式、速度等作出统一规定或提出量化标准。《指南》提出一整套幼儿学习与发展的目标和有针对性的教育建议,将正确的教育观、儿童观、发展观自然地渗透其中,引导有关的成人沿着《指南》的方向,用正确的方法去支持幼儿的学习与发展,科学地帮助幼儿达到教育的期望。

(2)《指南》与《纲要》的关联

《指南》与《纲要》都是幼儿教育的指导性文件。《纲要》是一个比较宏观的课程文件,内容完整,涉及幼儿园课程的方方面面,有助于幼教工作者把握教育的大方向;而《指南》则是通过提出对不同年龄幼儿的合理期望和教育建议,在相对微观的层面上指导幼儿教育。因此,作为国家指导幼儿教育的宏观性纲领,《纲要》对目标的表述比较概括,没有体现出发展的脉络;《指南》恰恰弥补了这些不足,成为深入贯彻《纲要》于实践的"桥梁"。同时,由于《指南》具体、明确的特点,在实施中容易被误解甚至误用。因此,只有坚定不移地贯彻《纲要》精神,才能正确实施《指南》。总体而言,《指南》的研制、颁布和落实,有助于深入贯彻落实《幼儿园教育指导纲要》。《纲要》与《指南》秉持共同的理念与教育观、儿童观、发展观,共同指导幼儿教育的发展方向,引导幼儿教育的科学发展。但是,《指南》与《纲要》在对象、层次、内容、功能等方面是不同的,不能相互替代,不宜把《指南》简单地看作是《纲要》的细化。此外,与《纲要》的五大领域保持一致,不仅有利于幼儿园教育活动的展开,也有利于教师将幼儿园的"教"与幼儿的"学"有机地结合起来。

(3)《指南》的基本理念

幼儿是积极主动的学习者。《指南》提出,促进幼儿学习与发展最重要的是要为幼儿创造机会和条件,注重激发和保护幼儿的求知欲和学习兴趣,调动幼儿学习的积极性和主动性,鼓励、支持和引导幼儿去主动探究和学习。

珍惜童年生活的独特价值。《指南》提出,要充分认识生活和游戏对幼儿成长的教育价值,把握蕴含其中的教育契机,让幼儿在一日生活中,在与同伴和成人的交往中感知体验、分享合作、享受快乐。

尊重幼儿的学习方式和学习特点。《指南》提出,要最大限度地满足和支持幼儿通过直接感知、实际操作和亲身体验获取经验的需要,严禁"拔苗助长"式的超前教育和强化训练。

尊重幼儿发展的个体差异。《指南》明确指出,幼儿的学习方式和发展速度各有不同,在不同学习与发展领域的表现也存在明显差异。孩子年龄越小,个体差异就越明显。成人不应要求孩子在统一的时间达到相同的水平,应允许幼儿按照自身的速度和方式到达《指南》所呈现的发展"阶梯",不用"一把尺子"衡量所有幼儿。

重视家园共育。《指南》强调要重视家庭教育对幼儿终身学习和发展的重要影响,倡导建立良好的亲子关系,创设平等、温馨的家庭环境,注重家长对孩子言传身教和潜移默化的影响。只有家长和幼儿园共同努力,才能有效地促进幼儿身心健康成长,否则就会事倍功半。

(4)《指南》的基本原则

关注幼儿学习与发展的整体性。《指南》的各领域、所有的目标、列举性表现以及教育建议都相互联系,构成一个整体。幼儿的发展是一个整体,要注重学习与发展各领域之间、目标之间的相互渗透和整合,促进幼儿身心全面协调发展,而不应片面追求某一方面或几方面的发展。事实上,正是为了促进幼儿实现全面、健康、和谐、个性的发展,《指南》从健康、语言、社会、科学、艺术五个领域构架了幼儿学习与发展的基本内容,这五个领域之间构成了一个有机整体,如果割裂或削弱任一方面,都会对幼儿的学习与发展产生某种消极影响。此外,遵循幼儿学习与发展的整体性规律,还需要充分尊重幼儿的生活与游戏,重视让幼儿在游戏与活动中提升其学习品质。

尊重幼儿发展的个体差异。《指南》中明确指出,幼儿的发展是一个持续、渐进的过程,同时也表现出一定的阶段性特征。每个幼儿在沿着相似进程发展的过程中,各自的发展速度和到达某一水平的时间不完全相同。要充分理解和尊重幼儿发展进程中的个别差异,支持和引导他们从原有水平向更高水平发展,按照自身的速度和方式到达《指南》所呈现的发展"阶梯",切忌用"一把尺子"衡量所有幼儿。事实上,幼儿的发展是一个连续的、渐进的过程。幼儿是通过日复一日的发展与积累,逐步达到下一阶段的目标的。幼儿的发展是一个非匀速、非线性的过程。实施《指南》时,切忌在幼儿之间作盲目的简单的攀比。重要的是了解每一个幼儿发展的现状、特点、问题、原因,努力地为不同幼儿的发展创造有针对性的环境或条件,帮助其在自己原有的水平上向更高的水平发展。[①]

理解幼儿的学习方式和特点。幼儿的学习是以直接经验为基础,在游戏和日常生活中进行的。因此,《指南》提出要珍视游戏和生活的独特价值,创设丰富的教育环境,合理安排一日生活,最大限度地支持和满足幼儿通过直接感知、实际操作和亲身体验获取经验的需要,严禁"拔苗助长"式的超前教育和强化训练。从幼儿

① 李季湄,冯晓霞.《3—6岁儿童学习与发展指南》解读[M].北京:人民教育出版社,2013:45.

学习行为的角度出发,幼儿的学习方法一般有观察模仿学习、操作学习、倾听与表达学习、交往学习、合作学习、体验感受学习、探索发现学习等。

重视幼儿的学习品质。学习品质主要指学习态度、行为习惯、方法等与学习密切相关的基本素质,是在幼儿期开始出现与发展,并对幼儿的学习与发展具有重要的影响的基本素质。《指南》明确指出,"学习品质体现在不同的方面:在学习态度方面聚焦于儿童的好奇心、求知欲、学习兴趣与动力,在学习行为和习惯方面则关注儿童的注意力、专注力、目标性、合作性等,在学习方法层面重视儿童的观察、探究、分享与展示等,这些学习品质的养成既是幼小衔接的关键或重要领域,也直接影响着儿童未来的学习质量与效能"。① 事实上,"获得单纯的知识和技能是不够的,拥有某种才能并不意味着这种才能能够发挥作用,幼儿必须能够整合这些技能和知识,如果没有孩子的主动性作支撑,这些技能对幼儿的发展都是徒劳的"。② 麦克德默特(McDermott)及其团队的研究证明,"学习品质的早期干预是一种降低儿童发展风险的明智之举"。③

5. 贯彻落实《指南》需注意的问题

(1) 正确看待和理解学习与发展目标及其在各年龄的表现

《指南》目标及其在不同年龄的表现可以用来参与相关的评价活动,为幼儿的学习与发展进行某种参照性的评估,但《指南》本身不是评测工具,更不是硬性指标,不能等同于某种质量标准体系。依照《指南》目标体系及其在不同年龄的表现开展的相关评价活动,其目的应是了解幼儿的发展需要,以便提供更加适宜的帮助和指导,而非对幼儿所开展的"终结性评价"甚至是考评。

事实上,《指南》的目标及其在不同年龄的表现为家长和教师提供了一个观察和解释儿童行为的参照体系,让我们知道每个孩子处于哪个发展点上,据此决定可以对幼儿建立什么样的期望,应该提供什么样的学习经验,帮助他们进一步发展。但是,不能把目标及其在各年龄的表现理解为每一个幼儿在某一时间必须达到的"标准",更不能"用一把尺子衡量所有幼儿"或根据"标准"对幼儿进行统一测查、考核,对"未达标者"产生各种焦虑行为,如强化训练、歧视等;或者对"已达标者"放任自流,不考虑如何继续支持其学习与发展。

(2) 全面认识和理解幼儿发展的连续性与阶段性

人的身心发展呈现出连续性与阶段性的规律及特点,幼儿的学习与发展同样

---

① 李季湄,冯晓霞.《3—6岁儿童学习与发展指南》解读[M].北京:人民教育出版社,2013:3.

② JOHN M L. Instrumentation for state readiness assessment: issues in measuring children's early development and learning[C]. NJ: [s. n.], 2001.

③ 王宝华,冯晓霞,肖树娟,苍翠. 家庭社会经济地位与儿童学习品质及入学认知准备之间的关系[J]. 学前教育研究,2010(04):3-9.

如此。《指南》中目标在各年龄段的不同表现即是"阶段性共性特征"的反映,它反映了幼儿在不同年龄段,在健康、语言、社会、科学、艺术五大领域所呈现的某种发展规律或特点,这对于认识和把握幼儿学习与发展的规律及特点,具有非常重要的参照价值。同时,需要注意的是,幼儿的学习与发展具有连续性与渐进性的规律及特征,我们不能简单地割裂某一领域或某一阶段的目标及表现,而需要在一个动态的过程中,去关注、去探索促进幼儿学习与发展的策略举措,这种连续性、渐变性的发展是 3—6 岁儿童学习与发展的基本规律和特点。

（3）正确认识和理解幼儿发展的全面性与个体性

幼儿的学习与发展是一个有机整体,五大领域基本能够关涉到幼儿的全面发展,而且五大领域之间也相互影响、相互促进,共同指向幼儿的学习品质。因此,在学习和贯彻落实《指南》的过程中,我们需要注重各领域之间、各子领域之间的均衡性,而不应只重视某些领域、某些目标,忽略其他方面,更不宜针对目标一条一条地"训练"或"强化"儿童。与此同时,幼儿的学习与发展具有其独特的一面,每个幼儿的禀赋或潜质各不相同,每个幼儿认知风格与个性特征也各不相同。尽管每个幼儿都会沿着相似的进程发展,但在发展过程中,各自的速度和到达某一水平的时间不可能完全相同。因此,在参照《指南》目标体系及教育建议的时候,我们需要充分理解和尊重幼儿发展进程中的个体差异,支持和引导他们从原有水平向更高水平发展,切忌用"一把尺子"衡量所有幼儿。

（4）正确认识和理解"分与合""过程与结果"的辩证关系

"分与合"是一对辩证关系,"分为了合,合而不同"。所谓的"分",即是幼儿园教育中的分领域活动,即是说《指南》所呈现的分领域目标体系;所谓的"合"即是幼儿园教育活动的整合,跨越五大领域的"课程整合"。事实上,五大领域及其子领域表述目标不等于实践中要分领域组织教育活动,我们重视幼儿学习内容与儿童经验之间、与学习情境之间、与其他内容之间的相互联系,正确理解"分"与"合"的关系。

"过程与结果"也是一对辩证关系,只有好的过程,才会有好的结果;只重结果、忽视过程,最终会适得其反。因此,在学习和贯彻落实《指南》的过程中,不仅要关注幼儿学习与发展的结果,更要重视幼儿学习与发展的过程,重视幼儿在学习中的表现。事实上,幼儿在活动过程中表现出的积极态度和良好行为倾向是终身学习与发展所必需的宝贵品质。我们需要在幼儿学习与发展的过程中,充分尊重和保护幼儿的好奇心和学习兴趣,帮助幼儿逐步养成积极主动、认真专注、不怕困难、敢于探究和尝试、乐于想象和创造等良好学习品质。

4.1.2 《指南》蕴含的课程理念

贯彻、落实《指南》精神的关键在于幼儿园课程建设,而在当前幼儿教育改革与发展的背景下,课程建设则是一所幼儿园提高质量、提升内涵的关键。《指南》清晰呈现了 3—6 岁年龄段幼儿的学习与发展目标以及教育建议,从学前教育政策的延续性来看,《指南》是对《幼儿园工作规程》以及《幼儿园教育指导纲要(试行)》的延续和深化;从对幼教机构的约束力来看,《指南》相当于一个全国性的幼儿园"课程大纲",涵盖了课程目标、课程内容和课程手段等。① 幼儿园园长进行课程建设,有赖于幼儿园师资队伍的专业素养,包括幼儿园园长课程领导、教师课程素养等。同时,也会受到包括教育政策、外部资源以及园所文化等因素影响。就课程领导所关涉的课程建设而言,其关键要素可以从理念与行动两个层面进行分解。理念层面着重强调了课程理解能力、课程文化自觉能力;行动层面强调依据课程建设的流程,强调了课程规划与设计能力、课程组织与实施能力、课程管理与支持能力以及课程创新与发展能力。某种意义上说,幼儿园园长课程领导需要重视课程建设,而幼儿园课程建设应回到课程本身,关注幼儿园课程发生与发展的过程,抓住关键点推动幼儿园课程能力的整体提升。②

幼儿园园长通过在课程团队间的影响力达到提高课程品质的过程,而园长的课程领导则是园长通过在课程团队间的影响力以提高幼儿园课程品质的过程。这种影响力指向幼儿园课程、幼儿园组织和幼儿园课程的相关人员。③ 因此,在《指南》背景下,幼儿园园长可以围绕以下方面,开展幼儿园的课程建设,推动幼儿园保教工作水平的全面提升。具体而言:第一,教育目标是培养体、智、德、美全面发展的,具有良好个性的幼儿,表现为明理、有情、习惯好;第二,教育内容与生活结合,突出幼儿期的关键经验,特别是直接经验,为其进入小学以后的学习提供丰富的表象基础;第三,教育途径(幼儿的学习途径)的重要程度依次为一日生活、区域活动和集中教育活动;第四,教育方式(幼儿的学习方式)主要有观察比较、操作体验和同伴合作三种;第五,课程朝着更加整合化的方向发展,社会性应该作为整合的核心,以"人"的发展为主线;第六,更加重视家园合作,注重家园沟通的有效性问题,切实发挥家庭在幼儿发展中的重要作用。④

聚焦到儿童的身心发展及其学习品质,《指南》中指出:"以促进幼儿体、智、德、美各方面的协调发展为核心",需要重点把握四个方面,即"关注儿童学习与发展的整体性""尊重儿童发展的个体差异""理解幼儿的学习方式和特点"和"重视儿童的

① 方健华. 从教学能力到课程能力:基于新课程的教师专业发展理念与策略[J]. 教育理论与实践,2014(13):34-38.

② 姚慧. 幼儿园课程能力建设的内涵与路径探索——基于《3—6 岁儿童学习与发展指南》对幼儿园课程的要求[J]. 上海教育科研,2015(07):90-94.

③ 王段霞. 园长课程领导的现状与策略研究[D]. 华东师范大学,2008.

④ 邹晓燕. 未来中国幼儿园教育发展方向评析——兼读《3—6 岁儿童学习与发展指南》[J]. 辽宁师范大学学报(社会科学版),2014(02):223-230.

学习品质"，呈现了先进的儿童观与课程观，指引着幼儿园课程改革的方向与进程。① 一般而言，学习品质通常指向与学习有关的倾向、态度、习惯、风格、特质等，是儿童社会性、情绪、认知发展及其交互作用的核心，一般包括好奇与兴趣、主动性、坚持与注意、创造与发明、反思与解释等具体内容。美国目前已有十几个州在其制定的早期儿童学习与发展标准中将学习品质作为一个独立的领域来考虑。② 美国华盛顿州《早期学习与发展标准》(*Washington State Early Learning and Development Benchmarks*)中提出，"学习品质能反映儿童自己以多种方式进行学习的倾向、态度、习惯、风格……不是指儿童所要获得的某些技能，而是儿童自己怎样使自己去获得这些技能"③。对儿童来说，"学习"不仅是指他们对知识经验的掌握，还包括其智力与能力的发展，更重要的是学习兴趣的形成、良好学习习惯的培养、学习方法与策略的掌握，这是儿童学习能力发展与提高的实质。④《指南》中也明确提出，"学习品质体现在不同的方面：在学习态度方面聚焦于儿童的好奇心、求知欲、学习兴趣与动力，在学习行为和习惯方面则关注儿童的注意力、专注力、目标性、合作性等，在学习方法层面重视儿童的观察、探究、分享与展示等，这些学习品质的养成既是幼小衔接的关键或重要领域，也直接影响着儿童未来的学习质量与效能"⑤。事实上，幼儿在活动过程中表现出的积极态度和良好行为倾向是终身学习与发展所必需的宝贵品质，我们需要充分尊重和保护幼儿的好奇心和学习兴趣，帮助幼儿逐步养成积极主动、认真专注、不怕困难、敢于探究和尝试、乐于想象和创造等良好学习品质。在《指南》的专业指引下，我们应该从传统的研究教材转向研究孩子，从孩子的发展特点出发，选择贴近孩子生活的，顺应孩子"做中学、玩中学、生活中学"，以幼儿自主活动为主的课程。⑥

① 姚慧.幼儿园课程能力建设的内涵与路径探索——基于《3—6 岁儿童学习与发展指南》对幼儿园课程的要求[J].上海教育科研,2015(07):90-94.

② 鄢超云.学习品质:美国儿童入学准备的一个新领域[J].学前教育研究,2009(04):9-12.

③ SHARON LYNN KAGAN, PIA REBELLO BRITTO, KRISTIE KAUERZ, KATE TARRANT. Washington state early learning and development benchmarks. olympia: [s. n.], 2005.

④ JOHN M L. Instrumentation for state readiness assessment: issues in measuring children's early development and learning[C]. NJ: [s. n.], 2001.

⑤ 李季湄,冯晓霞.《3—6 岁儿童学习与发展指南》解读[M].北京:人民教育出版社,2013:3.

⑥ 杨建群.学习、探索、反思、创新——学习《3—6 岁儿童学习与发展指南》在创新课程方面的几点思考[J].课程教育研究,2017(49):34-35.

4.1.3 《指南》背景下幼儿园园长的课程建设路径

1. 固本清源:回归幼儿园课程的规律及特点

幼儿园课程不是书面的符号系统和静态的知识,而是具有动态性、过程性、游戏性和情境性,是幼儿积极投入其中的多样化的教育活动。生活化与游戏化是幼儿园课程的本质特征。儿童是在生活中学习,在学习中生活;儿童在多样化的游戏活动中,主动探究、体验、交往和表达,不断获得新经验。因此,幼儿园课程所开展的教育活动,重点不是教师准备讲解什么,而是准备让儿童做什么、获得什么样的经验、应该为儿童的行动创设怎样的环境和条件。① 生活化、游戏化的幼儿园课程强调的是一种生成性的课程观,其课程品质建构在儿童的学习与发展之上,而非单纯的知识性与技能性倾向。

幼儿园的课程建设应有别于中小学的学科课程体系及泰勒的目标模式,不能回避幼小衔接的教育需求,更不能漠视自身的课程规律及特点。《中共中央国务院关于学前教育深化改革规范发展的若干意见》中明确提出,幼儿园要坚持保教结合,寓教于乐,要遵循幼儿的身心特点,要坚持以游戏为基本活动,要坚决防止和纠正幼儿园"小学化"的倾向。幼儿园教育应科学理解幼儿的身心发展规律和学习特点,以游戏精神为核心理念,努力提升教师的专业素养,通过科学、持续的课程建设,逐步建构涵盖课程理念、课程目标、课程内容、课程组织和实施、课程评价、课程管理等要素的适宜于幼儿发展的课程体系。当前,幼儿园课程建设的基本取向就是强调以幼儿生活的"主题"作为教育内容与具体活动的整合策略,同时关切各"领域"目标与经验的内在层次。② 其中,领域课程和综合课程是幼儿园两种基本的课程形态。领域课程是学科课程的发展,侧重知识的逻辑性和系统性,但需加强生活化与游戏化,使学科知识与幼儿的生活和学习经验发生连接;综合课程围绕主题或话题来组织内容,侧重知识的情境性和综合性,但需突出系统规划,避免随意性和盲目性。③

2. 以学定教:回归儿童的学习与发展

学前教育的根本就是要以生活化、游戏化的课程教学活动促进儿童的全面发展,培养儿童的学习品质与人格特质。幼儿园主题课程、领域课程或是其他类型的课程教学活动都需要回归儿童的学习与发展,关注"学习品质"的养成,帮助或指导儿童在游戏化、生活化的课程教学活动中学会倾听、观察、思考、分享与表达,在游戏化、生活化的学习活动中养成良好的行为与习惯,并让孩子有较强的成功体验与

---

① 虞永平.幼儿园课程改革路向何方[N].中国教育报,2014-09-21

② 丁海东.当前我国幼儿园课程建设的核心概念与基本理念[J].教育导刊,2010(08):9.

③ 秦光兰.从典型课程方案看21世纪以来我国幼儿园课程发展的特点[J].学前教育研究,2013(12):29.

学习效能感。① 然而,在当前幼儿园教育实践中,形式上热闹的课程教学活动,将课程品质聚焦于儿童的学习表现而非学习与发展的过程,往往会忽视儿童内在的学习品质;特色化鲜明的课程教学活动,将课程建设与幼儿园园所文化及特色紧密相连,但往往会忽略儿童的学习感受与体验;小学化倾向的课程教学活动,更是有悖于儿童学习与发展的规律,损耗甚至是扼杀儿童的学习品质,将幼儿园课程教学活动偏离于儿童的"学习与发展"。

　　事实上,幼儿园课程改革特别强调儿童的兴趣、需要、身心发展规律,并从儿童的实际情况出发,构建真正有利于儿童可持续发展、和谐发展的课程,这成为当今世界幼儿园课程改革的基本共识。② 在遵循儿童学习与发展规律的基础上,幼儿园课程教学活动既需要重视"理念与目标"导向的体系化建设,更需要立足实际,探索各具特色的优质课程群建设,亦即由点及面的课程体系建设。但是,任何一种类型的课程建设,都需要明确意识到,生活化、游戏化、园本化的课程建设基点不能漠视,"学习与发展"的课程主线不能偏离,儿童学习与发展是幼儿园课程教学活动的根本所在。在《幼儿园教育指导纲要(试行)》《3—6 岁儿童学习与发展指南》等纲领性、导向性的政策驱动下,幼儿园课程需要逐步转化成为适合自己幼儿园、适合自己班级的课程,这个过程是适应的过程,也是让课程更加适合自己所面对的儿童的过程,这就是"以学定教"的重要内涵。③

　　3. 同步前行:回归幼儿教师的专业品质及课程素养

　　幼儿教师在幼儿园课程建设中发挥着核心作用,其专业品质的状况及课程素养的高下,影响甚至决定着幼儿园课程改革的成败。幼儿教师需要具备正确的课程理念、明确的课程目标、清晰的课程主线、丰富的课程资源,并能够在课程教学活动中创造性地运用自身的课程自主权,真正促进儿童的学习与发展。瑞吉欧教育者就认为,课程有"三分之一的确定和三分之二的不确定与新事物"④,确定的是目标导向的课程教学活动,展现的是确定性的教育活动与内容;不确定的是幼儿园课程的生成性与表现性活动,能够最大限度地满足幼儿合理的兴趣发展和需要,促进幼儿的全面与个性发展。幼儿教师需要具备科学的儿童观与课程观,并具有课程开发与教学设计等专业素养,这是影响幼儿园课程建设的关键所在。

　　事实上,幼儿园的课程建设不是简单的复制与模仿,更不是毫无章法的课程探索。幼儿教师必须从单纯的课程实施者转变为课程设计者,从课程设计者转变为

　　① 王怡. 回归儿童的学习品质:幼小衔接的误区及改进策略[J]. 教育导刊(下半月),2017(12):9-12.
　　② 何茜. 国外幼儿园课程改革的基本经验与发展趋势[J]. 比较教育研究,2012(05):1-6.
　　③ 虞永平. 幼儿园课程改革路向何方[N]. 中国教育报,2014-09-21.
　　④ 王春燕. 对幼儿园课程预成与生成统一的思考[J]. 早期教育,2004(08):8-9.

课程建设者。① 生活化、游戏化、园本化的课程教学活动对幼儿教师提出了极高的专业挑战。幼儿教师需要具备较强的课程素养,才能够科学、合理、有效地进行课程设计与实施,才能将课程教学活动导向于幼儿的学习与发展。然而,当前幼儿园教师队伍的专业化水平仍然不高,其课程素养的提升需要与课程建设同步前行。当前任何只关注课程文本的编写、忽视广大教师的感受和发展的课程改革是无法真正实现课程发展的。在课程改革和发展的视野里关注教师的成长和发展,意味着将教师的成长纳入课程改革甚至是教育改革的系统工程之中,意味着我们将勇于面对并努力应对教师所遇到的问题、困惑和苦恼。②

4. 因异制宜:回归幼儿园的园所文化及课程底蕴

幼儿园课程建设是一个系统工程,聚焦于儿童的学习与发展,实现幼儿园课程发展与幼儿教师专业发展同步前行,并最终将园所文化与课程底蕴融入自身的课程体系之中。然而,对于相当部分的幼儿园而言,课程建设中存在着照搬移植和盲目植入两种倾向。20 世纪 80 年代以来,幼儿园争相学习借鉴蒙台梭利、瑞吉欧、HIGH/SCOPE 等西方幼儿园课程。但是,在学习借鉴这些西方课程和境外课程的过程中,很多幼儿园仅仅是简单模仿或机械照搬,以致出现了严重的跟风现象。③ 当下国学经典学习热潮中,相当部分的幼儿园都相继开设了国学启蒙课程,但其课程内容上的浅层化、课程形式上的同质化以及课程效果上的空洞化现象,也集中体现了简单模仿、照搬移植的课程建设倾向。与此同时,幼儿园课程建设中的植入倾向表现为:将幼儿园园所文化与办园理念等强行地植入到课程建设之中,注重课程文本体系的完善,迎合当下幼儿园的阶段性评估需求。这种幼儿园课程建设倾向往往重视课程改革的文本呈现,而忽视课程改革的实践探索,忽略幼儿教师的理解与领悟,漠视幼儿的学习与发展。

事实上,幼儿园课程建设与园所文化是内在关联的有机整体,缺一不可。课程建设需要园所文化的引领与助推,园所文化需要课程建设的支撑与践行;课程建设中可以凝练园所文化与办园理念,园所文化与课程底蕴是课程建设的生长点与内在驱动力。但是,幼儿园课程建设不是简单模仿、照搬移植,也不是简单植入、强行推动。幼儿园课程建设需要充分考虑到园所文化的独特性,在课程建设中体现园所文化的优势与特色。此外,幼儿园之间仍然存在着类型上的不同、层级上的差异,农村与城市幼儿园之间、公办园与民办园之间、示范园与新建园之间,其课程建设的起点不同、力度不同、成效不同。因此,不同类型、层级的幼儿园需要找寻适宜的课程建设方案,选择适宜的课程建设路径及策略。

---

① 虞永平. 幼儿园教师在课程建设中的角色转变[J]. 教育导刊,2012(06):32.

② 虞永平. 幼儿园课程发展与教师成长[J]. 学前教育研究,2007(12):41.

③ 左瑞勇,杨晓萍. 在文化哲学视域下重新审视幼儿园课程内容的选择[J]. 学前教育研究,2010(09):33.

4.1.4 《指南》背景下幼儿园园长课程建设的策略

幼儿园课程建设有共同的路径可寻,但更需要在同中求异、因异制宜地探寻自身的课程建设策略。一般而言,幼儿园课程建设路径可由四部分组成,即"课程建设的现状诊断—课程建设的切入点—课程建设的延伸拓展—课程建设的评估与循环",这四个部分并非单纯的线性递进,而是一个循环往复、不断优化的开放系统,最终指向于幼儿园内涵发展,指向于学前教育质量提升。

1. 开展课程建设的现状诊断

科学地开展幼儿园课程建设的现状调查,在摸清家底的基础上,诊断出课程建设中的问题或不足,进而"自上而下"与"自下而上"相结合地开展全园层面的课程建设研讨,从而保证课程建设方案的针对性与实效性。可以组织省内外专家、同行进行"把脉会诊",明晰课程建设的理念与目标、找准课程建设的切入点与着力点、完善课程建设的方案及行动计划。课程建设的现状诊断,需要阶段性地持续开展,它既是课程建设的起始工作,也是推进课程建设"向内聚力、向外延伸"的现实需要,其目的就是为了使幼儿园能够发现原有课程方案的不足,同时为了使本园课程更加适合孩子的发展需要而进行反思、改革和调整。因此,课程建设的现状诊断,要立足课程品质及幼儿园内涵发展,在园情分析中把握课程建设的现状与趋势,在问题诊断中找准课程建设的方向与目标,在集思广益中探寻课程建设的策略举措。

2. 找准课程建设的切入点

所谓课程建设的切入点即是指课程建设的生长点、特色点与着力点。幼儿园课程建设需要由点及线、以线促面,这不仅有利于整合幼儿园课程资源,也能够促进幼儿教师在课程建设中不断成长。幼儿园课程建设切入点的探寻要建立在本园幼儿的现实生活之上,基于幼儿学习和发展需要,对现行课程方案进行审议,探寻改革抓手,沿着切入点进行深入的研究、实践,并在实践中作出适宜性调整。

幼儿园的前期课程基础差异性较大,因此课程建设的切入点也要有所不同。课程建设基础较好的园所,可以立足于特色点的切入,整合优质课程资源,提升课程品质,形成课程品牌效应;课程建设基础一般的园所,可以立足于生长点的切入,明晰课程建设的核心目标与重点工作,找寻课程建设的突破口,整合全园的课程资源,促进幼儿园课程的可持续健康发展。

事实上,不管从哪一个点开始,课程的发展都不应仅限于一个点的变化,仅停留或满足于某一个点的深入有效,而要关注全局和整体。幼儿园可根据自身课程基础或课程发展中的问题、或已有研究与实践基础来确定适宜的切入点,例如:对游戏的改革、环境的改造、一日生活的调整、主题课程的审议、集体教学游戏化的探索、家园共育模式的变革等。

3. 重视课程建设的拓展延伸

课程建设是一个系统工程,它是一个由点到点、连点成线、连线成面的实践过程。对幼儿园来讲,依据园所课程建设的实际情况,针对儿童的需求、兴趣和问题找到适宜切入点后,经过实践中的反思探索,逐步向幼儿园一日生活的各个方面产生积极延伸。同时,幼儿园实施怎样的课程,最终取决于教师,教师永远是课程建设的主体。若幼儿园能提出课程建设的愿景和目标,明确每一位教师的具体任务,在这一任务驱动下,教师必然要联系工作实际,通过持续的学习和研究,不断检视和调整自己的儿童观、课程观与教学观,必然要不断思考让孩子们活动什么,怎样活动,通过活动孩子们能获得什么等重要问题,在对这些问题的不断追问中,幼儿在园活动的安排和组织就会不断改进和完善,保教质量自然也会不断提升。这一过程就是课程建设的过程,也是教师专业成长和发展的过程。可以说,是教师的创造性实践推动了幼儿园的课程建设,教师们也在这一实践中实现了专业素养的不断提高。[①]

4. 拉动课程建设的评估与循环

评估是课程建设中必不可少的重要环节,课程评估要贯穿课程建设的全过程,幼儿园不仅是课程建设的主体,更是课程评估的主体。但是,我们必须清楚地思考"评什么""怎么评"和"谁来评"这三个问题。课程评估的根本目的在于回应和促进幼儿的学习,促进其内在学习品质的发展。课程评估要体现课程的广义性,涵盖幼儿学习与发展的方方面面,并体现学习和发展的连续性。幼儿园课程评估注重过程性与表现性,包括幼儿园内部的自我评估与外部的专业评估,在幼儿园课程评估的推动下,推动幼儿园的课程改革与创新实践,在课程建设中促进儿童的学习与发展。

5. 幼儿园课程建设的有效举措

(1) 审议主题课程的适宜性

《指南》背景下,幼儿园课程中的学科(领域),来自既定的学科领域(五大领域),每一个学科(领域)具有自己的体系。学科(领域)课程有很大的相似性。而以主题为内容组织形式的综合课程,没有既定的或公认的主题可选用,不同的课程设计者因价值观上的差异,可能会有不同的主题选择倾向。我们可以通过对不同的主题选择倾向的分析归纳,寻找到幼儿园课程主题的主要来源。不同的主题来源,决定了主题的不同性质,甚至决定了主题综合功能的发挥。[②] 某种意义上说,幼儿园主题课程旨在打破传统的分科、分领域学习模式,基于幼儿自身的兴趣与原有经验,帮助幼儿发展建构更高水平的连续性、整合性经验。幼儿园主题课程的设计与实施要以观察幼儿当前兴趣和原有经验为基础,探索适宜的学习路径,处理好课程预设与生成的关系,切实促进幼儿多领域、多维度、整合性的经验发展。

---

① 吕明凯. 课程建设应是幼儿园工作的永恒主题[J]. 陕西学前师范学院学报,2019(01):44-48.

② 虞永平. 论幼儿园课程中的主题[J]. 学前教育研究,2002(06):13-15.

（2）挖掘和扩展课程资源

幼儿园课程资源开发与利用是幼儿园课程改革的重要内容。幼儿园园长需要树立"大课程资源观"的科学理念,在一定范围内收集有利于课程建设的各类自然资源、社区资源和人力资源,形成内容科学、管理有序、应用有效的幼儿园课程资源库。诸如借助传统节日文化资源,开展幼儿园课程创生,从而促进幼儿对优秀传统文化的理解与掌握①;把社区资源引入到幼儿园课程资源中来,采取切实可行的整合途径与方法,让一切有利的社区资源转化为幼儿园课程资源,为幼儿园课程服务,最终形成幼儿园教育与社区教育的合力。②

（3）优化一日生活的课程安排

幼儿园一日生活指幼儿每天在园进行的所有活动,包括进餐、睡眠、如厕、活动区游戏、户外活动、教学活动、收拾整理活动、环节转换等。通常我们习惯将幼儿园活动分为生活活动和教育活动两个组成部分,这样容易造成二者的割裂以及对生活活动价值的忽视。实际上,幼儿园的一日生活是一个有机的整体,共同发挥着对幼儿教育的功能。③ 基于此,幼儿一日生活安排应以幼儿的身心发展特点及幼儿活动需要为依据,审议并调整幼儿园现有一日生活流程,避免时间碎片化,减少活动中幼儿的等待时间。依据《指南》精神分析幼儿园一日生活的各个环节,把握生活中幼儿学习与发展的整体性,使各环节之间形成有机联系,促进幼儿在活动中产生更为积极的经验,从而达到整体发展。此外,还需要提高一日生活安排的灵活性与自由度,充分利用转换与过渡环节;改变教师在幼儿自由游戏中的角色定位,为幼儿提供更丰富多样的游戏材料;实现集体活动组织形式的多样化,增强其选择性;保障幼儿户外或体育活动的时间、机会与条件。④

（4）提升幼儿园课程游戏化的层级与水平

随着《指南》的颁布及落实,珍视游戏和生活的独特价值、以游戏为基本活动的理念得到了更为深入的实践。课程游戏化不是用游戏去替代其他课程活动,其根本目的是要把游戏的理念、游戏的精神渗透到各类课程活动中,促进幼儿健康快乐成长,同时提升教师课程建设水平和课程实践水平。⑤ 事实上,课程游戏化,不能简单地理解为活动中增加游戏环节或增加游戏时间,它是一个课程全面建设和逐步完善的过程;课程游戏化也并不是说所有的教学活动都变成游戏,而是指在保证幼儿基本游戏活动的前提下,将自由、自主、愉悦、合作、创造的游戏精神渗透到课

---

① 曾莉,王燕.传统节日文化资源在幼儿园课程中的运用[J].学前教育研究,2018(09):64-66.

② 沈丽华.幼儿园课程开发中社区资源的整合[J].学前教育研究,2010(05):60-62.

③ 王晨霞.幼儿园一日生活的教育渗透[J].辽宁教育,2017(04):25-27.

④ 戴璐,王春燕.幼儿园一日生活管理现状分析——以杭州 G 区幼儿园为例[J].学前教育研究,2013(11):54-59.

⑤ 丁月玲.幼儿园课程游戏化的推进策略[J].学前教育研究,2015(12):64-66.

程实施的各类活动中。课程游戏化的核心是让幼儿园课程更加贴近幼儿的生活，贴近幼儿的兴趣和需要，贴近幼儿的学习特点，贴近幼儿的实际发展水平。① 因此，作为幼儿园的基本活动，游戏能够满足幼儿的兴趣和需求，有其不可替代的发展作用与价值。游戏活动是除生活活动、学习活动之外发生概率最高、幼儿参与范围最广的一种活动，某种程度上儿童的存在状态可以被视为一种游戏着的状态。幼儿园教育应该从儿童的主体性出发，实现从传统的"重教"向"重学"的转变。② 幼儿园园长则需要引导幼儿教师开展高质量的游戏，需要引导幼儿教师真正理解游戏精神，确保游戏所需要的时间、空间、场地、材料和氛围；同时，需要引导教师科学观察儿童的游戏需要与兴趣，并据此提供适宜的支持指导。

（5）探索科学适宜的集体教学活动

《〈指南〉解读》中指出：幼儿园集体教学活动，具体是指教师有目的、有计划地组织的、班级所有幼儿都参加的教育活动。幼儿园集体教学具有高效、系统性强、引领性强等优势。但在实施的过程中，往往会出现教师启发引导不足、灌输"高控强"等现象，其根本原因还在于我们的教师心中没有儿童。在教学中如何做到心中有儿童，在适宜的时机与其进行适宜的互动，从而提升儿童的学习品质？③ 幼儿园园长在课程建设中的引领作用显得尤为重要。针对幼儿园的集体教学活动，幼儿园园长需要引导幼儿教师充分认知集体教学活动的起点及存在的价值，即在什么情况下开展集体教学活动；更需要引领幼儿教师思考集体教学活动与游戏、生活、环境、主题、儿童兴趣需求及经验等之间的关系。只有当集体教学活动能够满足幼儿的兴趣需要，并能不断促进儿童经验的拓展与提升时，才能凸显以儿童为主体的集体教学活动的价值。

（6）创设适宜的幼儿园教育环境

环境在幼儿园教育中有着极其重要的价值，创设适宜的幼儿园教育环境既是幼儿园课程建设的需要，也是实现幼儿园环境教育功能的需要。幼儿园需要遵循自然性、教育性和文化性等基本原则来创建幼儿园教育环境，建立起幼儿、教师与环境之间的有机联系，实现隐性的保教功能。④ 因此，创设适宜的幼儿园环境，首先，需要尊重儿童的已有经验与自主建构，形成科学、开放、有效的幼儿园环境教育方法，并从课程目标的角度因地制宜地利用各类资源，做好室内外环境的创设工作。环境应体现简单、质朴、开放、自然、安全、有序并富有挑战性，能够有利于幼儿

① 连秀明.推进幼儿园课程游戏化的有效策略[J].幼儿教育研究,2018(06):26-29.

② 丁海东.游戏的教育价值及其在幼儿园课程中的实现路径[J].学前教育研究,2006(12):32-34.

③ 周燕.幼儿园集体教学活动中的儿童立场[J].江苏教育研究,2016(35):64-65.

④ 章兰,何丽娟.幼儿园适宜性教育环境的内涵与创建策略[J].学前教育研究,2019(03):89-92.

产生更丰富的体验并有利于幼儿充分活动。其次,需要把握环境教育的跨学科特点,构建渗透于各领域教育与幼儿园日常生活各环节的幼儿园环境教育体系。最后,注重发挥家庭与社区参与环境教育的积极性,充分挖掘多样化的环境教育资源,共同支持幼儿的学习与发展。①

（7）促进高质量的家园共育

家庭与幼儿园之间的价值共识是影响幼儿发展的重要因素。课程建设过程中,幼儿园要重视与家长平等互助、合力共育、信息共享,多渠道、多途径与家长分享幼儿园的课程设想与计划、活动安排与活动进展、幼儿的表现与需求,并鼓励和吸引家长参与到课程的计划、实施和评价过程中来。同时,家园共育应充分考虑原生家庭的情感要素及其与幼儿园教育专业因素的结合,通过形成教育合力来促进幼儿的社会化和教育资源的整合。为保证家园共育的顺利实施,重视家园沟通,消除家长和教师的教育分歧,并在此基础上积极开展各种活动,提升家园共育的质量,促进幼儿健康和谐发展。②

4.1.5　幼儿园园长课程领导的"范式转换"

生活化、游戏化与园本化的课程特点赋予了幼儿园更大的课程权力,而对幼儿学习品质的提升也主要取决于幼儿园主题课程活动、区域活动、环境创设以及一日生活等保教活动的创造性与实践性,这对传统的幼儿园课程开发和管理提出新的挑战,这也内在地要求幼儿园课程研究与实践的"范式转换",即转向到"幼儿园课程理解和创造方式",转向到幼儿园园长、教师、儿童及家长等层面的课程领导。因此,立足于幼儿园课程研究与实践的"范式转换",构建幼儿园课程领导的理论体系,既符合幼儿园课程研究与实践的趋向与需要,也具有内在的学理价值。

幼儿园课程领导的本真意义就在于通过民主合作的方式所进行的课程改革与创新实践,真正促进幼儿教师的专业发展和全体儿童的学习品质,从而提升幼儿园教育活动的核心竞争力,促进幼儿园的内涵发展。幼儿园园长对《3—6岁儿童学习与发展指南》以及幼儿园课程教学活动的认识与理解、改革与协作,其自身对幼儿园课程理解与领悟能力、课程设计与实施能力、课程评价与反馈能力以及课程文化建设能力,都会深刻地影响幼儿园的可持续健康发展。事实上,"上海市提升中小学(幼儿园)课程领导力行动研究"项目就是为进一步贯彻落实教育部《基础教育课程改革纲要(试行)》的精神,深化上海市中小学(幼儿园)二期课改,全面提升学校课程领导力的行动研究项目,形成了一批凸显实践价值引领的物化研究成果与

---

① 杨晓玲,唐敏.幼儿园环境教育目标、方法与体系构建的理论基础[J].学前教育研究,2010(07):57-59.

② 孙芳龄,雷雪梅,张官学等.家园共育的实践意义与开展策略[J].学前教育研究,2018(07):70-72.

实践经验,对于推进上海市乃至全国中小学(幼儿园)课程领导力的建设具有重要的启示和借鉴意义。

4.2 幼儿园园长的课程领导现状

欧姿秀(2002)认为园长的课程领导"是园长基于课程的专业知识,积极带领成员建立课程愿景,并营造良好的沟通管道及支持性的教学环境,促进教师专业化发展,协助教师有效能的教学,以达到提升幼儿学习成效以及课程品质之历程"①。简楚瑛、苏慧贞(2004)则从促进教师专业发展的角度对园长课程领导进行了界定:"幼儿园园长课程领导系指幼儿园园长为了提升教师效能及幼儿园的学习成效,借由有效的领导行为增进教师专业化成长,善用园内与外界资源,以提升教学水平之领导行为。"②事实上,课程领导要求幼儿园园长具备有关课程性质、课程取向、课程发展、课程评价等方面的专业知识,并在课程目标定位、课程资源开发、课程政策制定、课程设计与实施,以及课程评价等工作中,营造氛围、建构愿景、建立团队、引领教师的专业发展,从而实现幼儿园教育品质的全面提升。有效的课程领导,是对幼儿园园长课程整合与开发能力的考验,同样也是对幼儿园园长"教育者"角色的最好诠释。基于幼儿的天性,聚焦于幼儿园课程建设及内涵发展,游戏与活动成为幼儿教育的主要形式,在寓教于乐中激发幼儿的潜能,养成幼儿良好的生活学习习惯,这既是幼儿园各项工作的核心,也是幼儿园课程创生的关键。在幼儿园课程的设计、开发、实施与评价的各个环节,如何把握幼儿教育真谛、引领幼儿教师专业发展、提升幼儿生活品质,进而关注幼儿园共同愿景的塑造和幼儿园共同体建设等,已经成为当下幼儿园课程改革和幼儿园园长专业发展中不能回避的热点问题。

4.2.1 幼儿园园长的课程领导意识有所欠缺

随着学前教育事业的快速发展,幼儿园教育的品质问题已经成为社会关注的焦点。幼儿园课程的改革与创新是幼儿园教育质量提升的关键所在,也是园长各项工作的重中之重。绝大部分幼儿园园长对有关课程理念、课程内涵以及自身所应具备的知识与能力素养等问题有较深刻的体认。然而,在传统教育管理体制下,园长主要充当行政领导与管理的角色。这种机械的课程管理思想已经使园长形成

---

① 欧姿秀.台湾近十五年幼儿园园长领导研究派点转移之探究[J].幼儿教育年刊,2002(14):177-202.

② 简楚瑛,苏慧贞.幼儿园园长课程领导历程分析[J].教育与心理研究,2004(03):429-456.

了只有课程或是教学管理的思想,没有课程领导的理念和意识。① 在传统的幼儿园管理模式下,园长主要依靠职位权威附属的行政权力对教师和幼儿进行自上而下的管理,以维持既有课程体系。幼儿园园长普遍缺乏对课程领导的足够关注,在思想意识层面有轻忽课程领导的倾向,而且对相关课程领导问题表现为混杂的认识,未能全面地体认课程领导的内涵。"幼儿园园长往往能够认识到课程领导与课程管理、教学管理存在差别,但就'课程领导到底是什么? 课程领导与课程管理、教学管理之间有什么差别? 课程领导有哪些特性?'仍然不是很明确。"②他们对诸如教育改革者、专业领导者、文化领导者与协同合作者等课程领导角色和行为往往缺乏细致深入的理解。他们对课程领导角色背后的社会期望,以及每一种角色所要求的行为规范、责任和义务都相对比较笼统模糊。这也表明提升幼儿园园长课程领导,还有很长的路要走,尤其在理念层面的倡导和实践层面的引领,就显得尤为紧迫。

与此同时,相当部分的幼儿园园长在实践中"实施着课程领导理论",在理念上却又"信奉管理至上的思想",这就使得园长一直徘徊在传统管理和现代领导之间,始终走不出管理的窠臼,难以完成向课程领导的转换。③ 某种意义上说,由于课程领导意识淡薄,作为课程领导第一责任人的园长对自身领导角色定位认识不清,进而无法发挥引领课程变革、提升课程品质的核心职能作用。同时,相当部分的园长在幼儿园中更为常见的是扮演行政管理者的角色,而非课程内容的开发者、课程实施的协调者、课程资源的提供者等角色,忙于琐碎的日常事务,疏于观照专业的课程事务。④

4.2.2　园长课程领导的多重角色冲突

由于教育对象和教育任务的特殊性,幼儿园工作相对烦琐凌乱,在事无巨细的工作环境中,相当一部分园长身陷其中,没有足够的时间与精力促进自身的课程领导。幼儿园园长既是行政事务的"管理者",又是课程教学活动的"监督者",幼儿园所有的决策、管理都要集于园长一个人的身上。这种长期的集权管理不但使园长身心疲惫,也致使教师无权参与课程领导,教师缺乏参与课程领导的意识与能力,不清楚幼儿园的课程政策和发展方向,成为课程领导的陌路人。⑤

"园长的精力和时间多被掩埋在凌乱的行政工作中,园长对自身的角色定位仍

① 陈璐. 幼儿园园长课程领导现状及策略研究[D]. 东北师范大学,2012.
② 崔玉芹. 民办幼儿园园长课程领导现状研究[D]. 西南大学,2009.
③ 王志成. 幼儿园园长课程领导的个案研究[D]. 西南大学,2007.
④ 汤雅黎,邓李梅. 幼儿园课程领导的困境与突破[J]. 教育探索,2015(10):45-48.
⑤ 陈璐. 幼儿园园长课程领导现状及策略研究[D]. 东北师范大学,2012.

以行政角色为主,而这种缺乏秩序的行政管理极大地影响了园长对课程的领导。"①园长课程领导力的系统提升,就是要求园长从烦琐凌乱的工作状态中抽身出来,营造和谐向上的组织文化与氛围,引领幼儿教师的专业发展,提升幼儿在园的生活品质。然而,园长专业发展的水平是有差异的,其领导风格也各不相同,园长自身的"专业问题""风格问题"是幼儿园领导工作中最大的"软实力",它既体现在园长们思想意识层面的差异,也体现在领导特质、领导行为方面的差异。② 事实上,课程领导在理论与实践层面,需要幼儿园园长实现"教育者""领导者"和"行政者"三重角色的整合,要求园长实现领导方式的转化,逐步走向道德领导、合作领导等新的领导模式。在这一过程中,园长自身的知识素养、能力结构以及人格特质都面临新的挑战与要求。园长们需要在知识、能力以及人格等方面进行修炼,努力提升自身的课程领导力。随着园长自身业务素养与能力的进一步提升,课程领导许多合理的东西,才能真切地深入到我们的幼儿园,深入到教师、幼儿和家长的生活世界中来。

4.2.3 幼儿园共同体的建设不容乐观

在与一线园长的座谈中,我们发现园长们普遍能认识到共同体建设对幼儿园长远发展的重要性,都意识到共同体建设是幼儿园实施课程领导的重要组织形式。共同体建设关涉到幼儿园园长的领导转型,它将道德领导置于首位,通过共同愿景、系统开放和合作文化的协同,促进幼儿园的课程改革与发展,促进幼儿园教师的专业发展。事实上,将专业学习共同体作为幼儿园教师专业发展的途径,对于促进幼儿园课程建设,提升幼儿园园长课程领导的专业效能,都具有重要的现实意义。通过幼儿园园长的课程领导,基于共同愿景与专业分享,有利于真正建立起一种幼儿园合作文化,从了解全体幼儿教师的专业需要和意见出发,不仅能够自下而上形成常规教研和学习制度,而且有利于提高教师的主动性和积极性,从而促进教师专业发展和幼儿园保教质量的不断提升。③

然而,在座谈中园长们普遍认为,当前的幼儿园共同体仍然比较薄弱,仍然有不少幼儿园存在刚性的管理模式,道德领导与园长的领导行为也存在较大的差距。幼儿园园长在不同程度上缺乏对道德领导的认识与思考,不能够有效地把所谓的道德领导同自身的专业发展密切结合在一起,往往停留在理论层面的体认;仍有不少园长并未充分重视组织文化在共同体建设中的重要性,依然把领导的重心放在行政事务或人事事务之中。因此,我们需要在幼儿园专业共同体建设中,"以共同

① 王段霞.园长课程领导的现状与策略研究[D].华东师范大学,2008.

② 陈明宏.校长课程领导的研究[D].华东师范大学,2007.

③ 胡梓滟,蔡迎旗.幼儿园教师合作学习策略的改进——基于实践共同体理论的视角[J].幼儿教育研究,2017(02):12-15.

愿景为纽带,助推教师学习;以合作文化为核心,促进对话与学习;以教育问题的'发现—解决'为本,开展合作学习;以共同学习制度保障自主有效学习"①,最终促进幼儿园教师的专业发展,促进幼儿园的可持续健康发展。

4.2.4　幼儿园园长课程领导相关培训工作的匮乏

课程领导要求幼儿园园长能够肩负起立德树人的教育使命,具有良好的道德修养和扎实的专业知能。各级教育行政部门应该积极为幼儿园园长提供课程领导所需要的专业指导与咨询服务,帮助他们专业成长,以扮演好各种领导角色。② 然而,当前课程领导的专题培训,无论在内容上,还是在形式上都还很不成熟,主要表现在:课程领导的专题培训在培训内容上显得比较薄弱,缺乏实践经验的支撑;由于专题开发的力度不足,在培训形式上比较单一,多侧重于理念上的讲授学习。与以往的专题培训比较,课程领导的专题培训还处于起始阶段,这也在一定意义上表明了课程领导培训工作的意义性和紧迫性。课程领导的相关专题培训,要真切地关涉到幼儿园的教育实践,关涉到幼儿园的课程改革,就需要我们加强对课程领导的理论研究和实践摸索,加大对幼儿园园长进行课程领导理念与实务方面的培训力度,更好地提升幼儿园园长的课程领导力。基于此,在课程领导的专题培训中应注意以下几个方面的工作:第一,深入领会党和国家的教育路线、方针、政策,从战略高度认识、把握我国学前教育改革与发展的方向;第二,掌握教育教学理论和教育管理的最新发展成果,优化知识结构,提高领导与管理水平,增强教育改革创新能力;第三,在继承我国传统教育思想精华的同时,学习借鉴发达国家学前教育改革和发展的经验;第四,深刻反思教育与管理实践,认真总结办园思想和管理经验,将其上升到理论高度,有效促进幼儿园的发展;③第五,根据园长的培训需求提供培训课程,理性看待园长的培训心态,帮助园长厘清培训的意义与价值;第六,强化个别指导与同伴学习,实现园长能力的持续提升。④

①　李岩. 以区域教师学习共同体促进农村幼儿园教师专业发展[J]. 教育探索,2014(06):147.

②　崔玉芹. 民办幼儿园园长课程领导现状研究[D]. 西南大学,2009.

③　王小英,缴润凯. 基于《幼儿园园长专业标准》的园长培训课程构建[J]. 学前教育研究,2015(04):35 - 39.

④　王澍,柳海民. 从"知识人"到"能力人"——基于《园长专业标准》的培训需求分析及其培训建议[J]. 东北师大学报(哲学社会科学版),2016(03):199 - 203.

4.3 幼儿园园长课程领导的影响因素分析

4.3.1 幼儿园园长自身课程领导素养的不足

园长是幼儿园的教育领航者,是幼儿园课程改革的设计师与引导者,直接影响着幼儿园的发展方向与特色。然而,在《指南》全面落实、学前教育质量持续提升的改革背景下,仍然有相当部分的幼儿园园长缺乏课程领导所涵盖的专业素养,亟待学习与提升。具体而言,第一,相当部分幼儿园园长缺乏系统的课程领导理论素养,对课程领导的内涵以及幼儿园园长课程领导的角色任务观,缺乏清晰的认识与思考。这部分园长没有担当起应有的课程领导责任,转而将课程的决策与实施完全交给幼儿园教师完成,自身则变成了园所课程建设的"甩手掌柜"、教师专业提升的"旁观者"。第二,相当部分幼儿园园长缺乏较为扎实的课程专业素养。部分园长对幼儿园课程的重要性缺乏清晰的认知,过于强调教师的"弹、唱、跳、画"等技能培训;部分幼儿园直接购买、照抄、移植、模仿他园课程,并直接交给教师机械执行,既缺乏对课程的理解与改造,也缺乏园本化课程建构与规划。第三,相当部分幼儿园园长不愿深入班级,缺乏对课程的专业引领,不了解课程发展的最新动态、闭塞办园的现实问题,这也严重损害了儿童的发展利益和幼儿园的可持续健康发展。第四,由于现实条件的局限,难以支持园长自身课程领导力的提升。部分园长课程领导缺乏有效的外部支持、专家资源和教育主管部门的帮扶,导致自身难以改变现状。[①]

4.3.2 繁杂的幼儿园行政工作压力

面对日益深刻的教育变革,幼儿园园长的角色已经由传统的行政人员蜕变为统筹兼顾的"多面手"。园长既要考虑幼儿园的发展大计,也要考虑幼儿园的日常运转;既要注重幼儿园保教质量的持续提升,也要促进幼儿园的教师队伍建设;既要符合教育行政管理部门的指导与兼顾,也要完成幼儿园教育活动的评测与反馈。在工作内容有增无减的情况下,若园长仍每天像陀螺一样被工作"追着跑",难以从时间的重负中解脱,长此以往身心俱疲、压力倍增,将会成为整个幼儿园发展的沉疴与隐患,也会从根本上影响幼儿园园长的课程领导。[②]

相当部分的幼儿园园长仍然习惯于传统的幼儿园管理模式,忙于完成各项日常工作的检查和岗位考核,并热衷于在工作中找教师的缺点和失误,以惩罚论处;

---

① 李作章. 内外兼修提升园长课程领导力[N]. 中国教育报,2019 - 07 - 07.
② 申谊可. 集团化幼儿园园长时间管理的个案研究[D]. 沈阳师范大学,2019.

过于追求指标体系的全面实现、滥用量化管理等,这就会使考核不但没有发挥应有的作用,还造成许多负面影响。[①] 在新的教育改革背景下,幼儿园园长需要克服刚性管理的诸多弊端,提升幼儿园行政领导效能,并将幼儿园教师专业发展作为主要抓手,进而全面推进幼儿园课程建设,从而最终促进儿童的学习与发展。某种意义上说,教育行政领导者的专业素养不仅是幼儿园园长课程领导的重要组成部分,而且能够保障幼儿园园长"教育者"的专业威信。

4.3.3　幼儿园小学化不良倾向的冲击

幼升小作为一个社会难题,反映了优质教育的稀缺,也折射了家长的渴望与无奈。在小学化、知识化幼小衔接现象的背后,有一种暗流涌动。功利、急躁的社会氛围驱动盲目、焦虑的家长,非专业背景的家长施压被动、无奈的幼儿园及教师,这股暗流淹没了相当部分儿童的学习品质,顺便牺牲了幼儿教师的专业品质。更有甚者,办学层级与质量越低的幼儿园、专业化水平孱弱的幼儿教师往往会更倾向于满足家长与社会不合理的"教育需求",更倾向于开展纯粹知识化的入学教育准备。这种现象的背后,是学前教育领域中专业力量的"失声或消音",是幼儿家园共育的"不足或缺失",是小学入学评测的"不当或偏失"。因此,如何发挥幼儿园园长及教师的专业引领效应,引领社会舆论、引领非专业的家长和不专业的教师,理应成为幼儿园园长课程领导需要回应的挑战与任务。

就幼儿园园长的课程领导而言,要以生活化、游戏化的课程教学活动促进儿童的全面发展,培养儿童的学习品质与人格特质。事实上,在幼儿园课程教学活动中,其环境创设、一日生活、主题活动等都需要关注"学习品质"的养成,帮助儿童产生对小学阶段学习与生活的好奇、向往甚至渴望,而不是担心、忧虑甚至恐惧;儿童学习行为与习惯的养成应该成为幼儿园课程教学活动的重要组成部分,幼儿园园长需要引导教师让儿童在游戏化、生活化的课程教学活动中学会倾听、观察、思考、分享与表达。这不仅符合幼儿园教育教学的规律与特点,也应该成为幼儿园应对幼小衔接、做好儿童入学准备的方向与目标,并逐步渗透到幼儿园课程教学的设计、实施与评价之中。

4.3.4　幼儿园教师专业发展尚不能顺应课程改革的需要

幼儿园课程是幼儿园教育的核心,也是历次幼儿教育改革的热点领域。课程领域的改革必然会影响幼儿园教师的教育教学行为。幼儿园教师作为课程实施的主体显然不能固守原有的课程和教学观念,而要面对课程改革的挑战,寻找专业发

---

① 陈铮.突显教师主体地位,调整幼儿园管理思路——也谈为幼儿教师"减负"[J].学前教育研究,2007(06):59-60.

展的新契机。① 幼儿园园长的课程领导,就是通过引领幼儿教师专业发展,全面深化幼儿园课程改革。事实上,幼儿园教师专业发展与课程改革是同步进行的双向活动,教师队伍的规格质量直接决定着幼儿园课程改革的成败得失。幼儿园课程领导所强调的"提升儿童学习品质""促进教师专业发展",进而关注学校共同体、共同愿景和道德领导等话题,已经成为当下课程改革中不能回避的热点问题。②

然而,传统的幼儿园课程教学活动,在一定程度上影响了幼儿园教师的专业发展,在墨守成规的日常教育教学活动中损耗了幼儿教师的专业热情与学习动力。幼儿园园长课程领导的重要工作,就是需要重新激发幼儿教师专业发展的内在动力,赋予其专业发展的自主权,并为其专业发展提供各种条件与保障。幼儿园园长需要实现幼儿园课程变革与幼儿教师专业发展的"同频共振",不仅转变幼儿教师的教育观念、提高教育教学专业能力,并着力建设学习型组织和专业研修平台,为幼儿园可持续发展提供经费、政策及制度上的保障。尤其在幼儿园师资培训方面需要从粗放逐渐走向精致,积极开展基于教学现场的培训模式,构建信赖、开放、协作、支持的学习共同体,使之成为职后教师专业发展的重要途径。③

---

① 段发明.课程改革:幼儿园教师专业发展的契机[J].学前教育研究,2014(09):59-63.

② 王怡.中学校长课程领导的调查研究及理性思考[J].教育发展研究,2009(02):52-54.

③ 姜勇,郑楚楚.汇聚与变革:改革开放 40 年幼儿园教师专业发展历程解析[J].学前教育研究,2019(03):31-40.

第5章　课程领导的有效修炼：校(园)长专业发展策略

5.1　不断加强校(园)长课程领导的理论素养

5.1.1　校(园)长课程领导理论素养的不断提升

1. 校(园)长课程领导的理论素养

理念是行为的先导,更新校(园)长的领导理念与课程理念,加强校(园)长的课程领导理论素养,不仅是校(园)长专业发展的重要内容,也是提升校(园)长领导能力的前提和基础。校(园)长作为课程领导者,要具备有关课程性质、课程取向、课程发展、教与学等方面的专业知识,以便能够有效增加课程领导者对教学实践观察的敏锐性,并能帮助课程领导者建构课程共同体的交互平台。校(园)长作为课程领导者,还必须了解有关领导的各种理论、取向和形态等,从而依据中小学(幼儿园)固有的文化,选择适合组织情境而又能展示个人强项的领导策略。我们对校(园)长进行课程领导的有效修炼,首先就需要在理论层面,有计划、有系统地帮助校(园)长建立起较为全面的理论体系与知识框架,使其对课程领导的理念有更深层次的理解与认识,使其对课程领导的理论内核有更为清晰的把握,并能通过反思,形成自己的课程领导理念,并把课程领导引入日常生活世界中来。

校(园)长的课程领导理论建设还很不成熟,但我们仍然可以从国内外的相关研究中管窥到校长课程领导的理论体系。

从现有的文献脉络来看,课程领导发端于校(园)长的教育领导,发端于校(园)长"教育者"的领导角色。校(园)长对中小学(幼儿园)的课程与教学活动进行专业引领,离不开课程团队、离不开团队成员的协作,于是团队逐步演变为共同体,共同体的成员从校长、中层管理者,逐步扩展到教师、学生(幼儿)和家长等,作为共同体的课程发展,也就会涉及共同愿景和成员的心智改善,这也对校(园)长的课程领导能力提出了专业层面和道德层面的多重要求,校(园)长也就需要在课程资源的整合、课程的规划设计、课程的实施监控、课程的反馈评价等方面,依托于课程共同体的团队,实现学校课程与教学的跨越式发展。如图5-1所示。

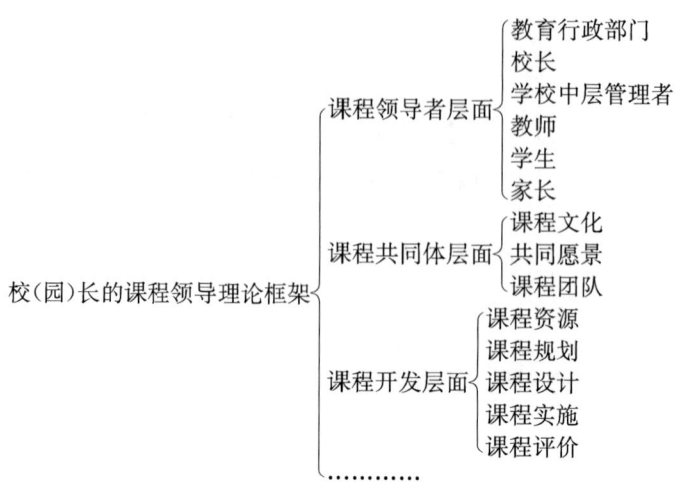

图 5‑1 校(园)长的课程领导理论框架

　　校(园)长课程领导的理论素养不局限于上述的理论框架,它应该是一种更广义的理论修养。校(园)长如何理解课程领导,离不开校(园)长自身的教育理论素养,离不开校(园)长对课程改革、课程理念的理解与把握,离不开校(园)长关于课程领导工作的理论修养,这些都制约着校(园)长对课程领导理念及其理论体系的认识和理解。课程领导的理论同其他理论一样,也有其内涵、功能和意义,也有其研究对象、研究方法和研究的侧重点,也有其对现有课程领导模式、案例的分析解剖,等等。因此,校(园)长应切实地了解和掌握当前课程领导的理论研究,较为全面地把握当前课程领导研究状态及其趋势,在此基础上,结合自身的专业实践,把课程领导的理念引入到学校的工作任务之中。

　　2. 提升校(园)长课程领导理论素养的有效途径

　　理论素养的提升,既是一个渐进积累的过程,也可以通过集中的交流与培训,在较短的时间内进行理论的熏陶或更新。如何有效地加强校(园)长课程领导方面的理论素养,同样需要三个层面的努力。第一,校(园)长要确立自身的课程领导意识,只有真切地体认到课程领导的功能与意义,才有可能进行更深层面的了解和学习,这在笔者历次的培训活动中体现得比较突出。对课程领导持否定或排斥态度的校(园)长,在接受课程领导理念时,总是以消极的学习态度来看待,往往不能够全面地认识和理解课程领导。反之,对课程领导持积极态度的校(园)长们,则能自主地学习、交流和探讨课程领导对实际领导工作的意义与影响。第二,校(园)长要通过多种渠道积极获取课程领导相关的研究成果。校(园)长们可以利用网络、图书杂志和音像材料等对课程领导进行文献阅读,以期获悉较为前沿的研究状态。尤其在网络情境下,利用迅速、便捷和丰富的网络教育资源,校(园)长们可以较为全面地了解和掌握课程领导的理论体系和知识框架。第三,校(园)长培训作为促进校(园)长专业发展的重要组成部分,在培训专题开发的过程中,要特别重视课程领导相关专题的开发，这样就能为校(园)长提供较为丰富的学习资源。同时，在专题培训中加大案例分析、经验交流和反思总结，这样不仅能提升校(园)长们的理论素养，也有利于校(园)长把对课程领导的间接经验转换为直接经验，把对课程领导的理论积淀转化为指导课程改革与发展的领导能力。

5.1.2　校(园)长课程领导的实践素养

校(园)长课程领导的实践素养，紧扣《校(园)长专业标准》的基本理念和职责任务，包括校(园)长的课程规划、专业引领、文化建设以及实践反思等方面的能力素养。主要包括以下几个方面。

1. 校(园)长课程规划的内在逻辑及策略

在课程领导视域下，校(园)长需要通过课程规划来有效地提供高品质的课程，并把课程的基本理念落实于课程实践中，这就必须追问：高质量的课程规划需要遵循怎样的逻辑，亦即"课程规划的依据是什么？需要规划什么？怎样进行规划？"这些问题。[①] 具体而言，第一，课程规划的依据包括科学的课程理论、合理的课程政策、明确的组织愿景。课程规划的目的、内容、原则与方法只有建立在课程理论的基本原理或规律的基础之上并随着课程观念及其实践的变革而变化，其科学性与合理性才能得以完满地理解与解释。课程政策的核心内容在于对教育中的课程权责分配进行解释。课程政策不仅反映了本国的政治、经济和文化情况，而且对课程实践给予相当的约束力，也就必然成为学校课程规划的重要依据；组织愿景是在分析中小学或幼儿园现状的基础上提炼而成的，它既包括外在环境的现状与挑战，也包括内在环境的现状与问题，进而通过态势分析来进行课程规划的设计与实施，即将与课程密切相关的内部优势因素、弱点因素、机会因素和威胁因素，通过调查依照一定次序按矩阵形式予以排列，然后运用系统分析的思想进行科学的课程规划。[②] 第二，课程规划的核心内容是课程方案，其核心是课程设置和课程安排，这也是中小学(幼儿园)课程规划成为主要的课程领导行为的重要缘由。校(园)长需要在遵循课程政策的前提下，从提高课程适应性和资源整合出发，进行通盘的设计和安排。在课程方案设计与实施的基础上，课程规划还包括教学内容改进、教学方式改进、课程评价改进以及相关教师专业发展的支持性举措等。[③] 第三，课程规划是一项比较复杂的工作，需要多方面的支持与保障，以促进课程规划的科学设计与有效实施。在组织层面需要重视学习型组织的创建，重视专业共同体的形成，校

---

① 靳玉乐.学校课程领导理论：理论研究与实践探索［M］.北京：人民教育出版社，2011：218.

② 张相学.学校课程规划的依据、原则与过程［J］.教学与管理，2009(34)：6-8.

③ 靳玉乐.学校课程领导理论：理论研究与实践探索［M］.北京：人民教育出版社，2011：224.

（园）长需要重视专业愿景的共识、专业经验的共享，并加强教师的知识管理，改善组织与个人的心智模式；在行为层面，需要重视基于现状的目标差距分析与问题归因分析，进而谋求因地制宜、因时制宜、因势制宜的课程改革举措，不断提升教育教学的质量与效能。

2. 校（园）长促进教师专业学习的有效策略

校（园）长的课程领导，内在地要求其把影响学校（幼儿园）发展的各种力量都能有效地汇聚起来，不仅充分激发出内部力量、聚集好外部力量，而且转化好发展阻力，并把所有这些力量都聚合起来，汇聚成促进学校（幼儿园）发展的合力。[①] 事实上，校（园）长课程领导的主要影响对象是教师，教师队伍的专业化水平是决定课程改革成败的关键。校（园）长需要在课程领导的过程中，引领教师的专业成长，探索行之有效的教师专业学习策略。具体而言，第一，由浅层转向深度学习，即是要求转变其专业学习方式，变被动为主动、变接受为发现、变识记为理解、变体验为分享，引导教师不仅能够批判性地学习新的教育思想与事实，主动建构自己的专业知识结构与经验系统，还能够将知识、经验与技能导向于专业问题的有效解决，从而提升自身的专业学习品质及效能。第二，由目标驱动转向问题解决学习，即是通过提出问题、开展体验和探究活动，最终获得问题的答案，掌握新知识并将所学的知识运用于实践。校（园）长需要让教师学会解决专业实践中面临的问题，并在问题解决的过程中，提升其专业品质及学习效能。第三，由单向度转向多向度学习，问题解决的专业学习不依循单向度的学习路径，而是要融入理智取向、实践取向和生态取向的多向度学习之中，即运用专业知识、经验与技能，来发现、表征、分析和解决教育实际工作中的现象或问题，进而在问题解决的专业学习过程中提升教师的专业综合素养。[②]

3. 校（园）长的文化建设策略

文化既是教育的重要内容，也对教育活动产生潜移默化的作用。中小学（幼儿园）的课程领导需要重视组织系统的文化特质，并在教育观念、制度和行为方式等方面凸显自身的文化特性，这也是课程领导的重要组成部分。课程改革的成功、教师发展的实现，都需要校（园）长通过课程领导构建出积极向上、特色鲜明的校园文化，营造出良好的育人环境。具体而言，第一，校（园）长的文化建设需要明确学校（幼儿园）所秉持的价值观，这是文化建设的核心所在。价值观归根到底属于精神的范畴，是组织系统和师生员工共同凝聚起来的，它关涉到共同的目标愿景，是凝聚力与向心力的根本所在。社会主义核心价值观的内化与学校（幼儿园）文化积淀

---

① 许邦兴.校长角色的聚焦：汇聚学校发展力量的能动者——一所普通高中校长的实践反思[J].当代教育与文化，2017（02）：56-63.

② 孙二军.基于"问题解决"的教师职前专业学习路径及培养策略[J].国家教育行政学院学报，2019（02）：62-66.

的承继,是当前校(园)长文化建设的首要任务。第二,校(园)长的文化建设需要健全学校(幼儿园)的制度体系,这是文化建设的基本保障。现代学校(幼儿园)制度不是仅指一两种规章制度,而是一个制度体系,包括用来规范学校与政府关系的制度,用来规范学校与社区中的组织、与学生家长的关系的制度,用来规范学校与学校内的教职工、学生之间的关系的制度等。① 第三,校(园)长的文化建设需要转变领导方式,这是文化建设的关键所在。领导者的领导风格、领导方式对于一所学校(幼儿园)有着重要的影响。从某种意义上说,校(园)长的领导方式,影响着学校(幼儿园)潜在的价值和规范。校(园)长需要从刚性转向柔性、由强权型转向民主型、由控制型转向服务型,这也是课程领导所蕴含的道德型领导、分布式领导和服务型领导的基本诉求。

4. 校(园)长的实践反思策略

教育管理学不仅具有应用性、工具性,而且还具有为人们通常所忽视的批判反思属性。作为学校(幼儿园)的领航者,校(园)长所从事的职业,是一门实践性极强的专业,办学实践既是校(园)长专业发展有效的行为方式,也是校(园)长专业发展的基础和出发点。但是,这种实践不是简单的"技术性实践",而应该是以校(园)长实践性知识获得为本位的"反思性实践"。② 正如美国当代著名的教育管理批判理论家福斯特(Foster)所言,教育管理学的精神实质不只在于其技术性层面,更在于发展人们的自我批判反思能力。某种意义上说,校(园)长的反思性实践就是一种"拄着拐杖,摸清石头再过河"的状态。"拐杖"代表反省思维作用下的专业知识,"摸清石头"代表依从有知识根据和不同实践情境的直觉后所创造的专业知识。相比"摸着石头过河"的状态,校长对实践前景有更为专业的心理预期,不再盲目和机械,在实践中融入了更多校长的引领性和道德性价值。此外,反思性的专业实践还要求校长们尊重、精通并运用可以运用的最好的理论和研究以及所积累的实践智慧。③

校(园)长需要依循实践反思的专业发展路径,注重提升自身的实践反思能力。④ 可以运用日记写作和情景模拟、与实践导师对话,逐步培养校(园)长的回溯反思、即时反思以及前瞻反思能力等。⑤ 根据校长反思实践的基本形式来看,校长反思实践的具体方法有很多,包括左手栏方法、札记反思法、自传反思法、档案袋

———————

① "基础教育阶段现代学校制度的理论与实践研究"总课题组. 关于现代学校制度的含义、特征、体系的初步认识[J]. 人民教育,2004(17):2-7.

② 王淑芬. 基于反思性办学实践的校长培训理念与策略[J]. 教学与管理,2012(09):13-14.

③ 吴国良. 反思性实践取向的校长角色定位思考[J]. 教学研究,2017,40(05):1-4.

④ 刘玉梅. 反思性实践:校长专业成长的重要途径[J]. 南京理工大学学报,2008(05):94-96.

⑤ 回俊松. "六维度三阶段"校长反思能力培养模型的理论与实践[J]. 首都师范大学学报(社会科学版),2016(05):141-147.

法、校长博客、学校论坛等。①

5.2 逐步明晰校(园)长课程领导的角色任务观

角色又称"脚色",原来指的是戏剧舞台上的特殊人物。美国著名社会心理学家米德(G. Mead)首先将角色概念引入社会心理学理论中,成为社会角色。社会角色是指由人们的社会地位决定、为社会所期望的行为模式,包括三种基本含义:一是一套社会行为模式,每一种社会行为都是特定的社会角色的体现;二是由人们的社会地位和身份所决定的,角色行为真实地反映出个体在群体生活和社会关系中所处的位置;三是符合社会期望的,按照社会所规定的行为规范、责任和义务等去行动。任何一种社会行为,不仅反映出角色扮演者的社会地位及身份,而且体现出个体心理、行为与群体心理、行为及规范之间的相互关系。② 课程领导赋予校(园)长新的领导角色,校(园)长应扮演教育理想家、系统改革者、协同合作者、公开支持者、建构认知者和评鉴回馈者。③ 这些新的角色观意味着一整套的行为模式和角色期望,意味着校(园)长要重新审视自己的领导身份和领导行为,意味着校(园)长作为领导者要担负起这些角色观背后的规范、责任和义务等。课程改革与学校发展所赋予领导者的角色观既是对校(园)长专业实践的一种行为规约,也是对校(园)长专业发展的一种新的诠释和注解。与之相应,校(园)长的专业发展要积极地审视领导角色观的转变,要积极地体认这些新角色观背后的期望与规约,要积极地诠释这些新角色观所要求的领导任务与领导行为。

5.2.1 校(园)长课程领导的角色观

校(园)长课程领导的角色多种多样,考察校(园)长课程领导的角色应充分体认学校(幼儿园)内外的现状、问题及处境,作为课程领导者的校(园)长会因情境的不同、时代的不同而扮演不同的角色。如表5-1,我们罗列了不同学者对课程领导角色的不同见解,这些角色观视界各不相同,且多样之中蕴涵着共识与重叠;研究者实施研究的视域不同,其研究结论也有差异;诸位论者的研究结果绝无优次等第之分,更无孰重孰轻之说;校(园)长在课程领导中的角色也并非固定不变,而是在课程变革的发展过程中,随不同时段、不同情境而扮演不同的角色。

---

① 陈静. 校长反思实践的具体方式初探[J]. 现代教育科学,2010(02):43-44.
② 黄甫全. 新课程中的教师角色与教师培训[M]. 北京:人民教育出版社,2003:11.
③ 台湾海洋大学师资培育中心. 课程领导与有效教学[M]. 北京:九州出版社,2006:23.

表 5－1　不同学者的校(园)长课程领导角色观

研究者	课程领导角色	研究者	课程领导角色
Bradley	• 指导者 • 问题解决者 • 倡导者 • 服务者 • 激励者	Woods	• 学校风气和特色的提升者 • 守卫者 • 经营管理者 • 专业领导者 • 文化领导者
L. H. Bradely	• 指导者 • 纷争调解者 • 倡导者 • 服务者 • 促进者	T. J. Sergiovanni	• 技术领导 • 人际领导 • 教育领导 • 象征领导 • 文化领导
G. Hall	• 回应者 • 管理者 • 缔造者	游家政	• 教育理想家 • 系统改革者 • 协同合作者 • 公开支持者 • 建构认知者 • 评估反馈者
郑东辉	• 课程愿景的策划者 • 课程团队与资源的组织者 • 学校专业文化的倡导者 • 课程发展的协调者 • 课程革新的激励者		
高新建	• 理念的追寻实践者 • 系统的永续工程师 • 知能的建构散布者 • 成员的领航合作者 • 创意的推动支持者 • 资源的整合经营者 • 人际的沟通协调者 • 成效的反馈监督者	黄旭钧	• 趋势与新议题的感知者 • 课程任务与目标的制订者 • 课程事务的协调者 • 课程发展的管理者 • 成员进修的带动者 • 课程评鉴的实施者 • 课程改革的激励者 • 课程专业文化的倡导者 • 各种势力的整合者

　　在分析比较上述课程观的基础上,我们认为校(园)长的课程领导即是其引导组织成员共同创建愿景,在此目标指引下自主、自律、携手同心进行课程实践的活动过程。它是一个多层级的动态运行系统,通过成员专业发展、组织文化再生等最终抵及课程品质、学生学习品性与身心素质的提升。我们认为校(园)长在新的课程改革背景下,其课程领导的角色观要体现如下的核心理念:确定理念、塑造愿景、共享资源、建构对话、形成专业社区、发展专业知能、打造学校(幼儿园)文化和提升学生(幼儿)学习品质等。基于此,校(园)长要实现如下八个方面领导角色的转型:教育理想的倡导者、共同体的缔造者与激励者、课程愿景的策划者、课程团队的组织者、专业领导者、组织文化的领导者、课程的协同合作者和课程的评价反馈者。

5.2.2 校(园)长课程领导的角色任务观

专业任务是专业角色的具体化、明确化,通过执行具体的任务,使专业角色的扮演更加清晰和实在。只有通过任务的分解,才能使期待的角色落到实处,才能使校(园)长的课程领导角色在实践中发挥应有的作用。校(园)长作为课程领导者,在不同的学校情境、不同的场合,其扮演的角色不同,因而践行角色的任务也各异。[1]

1. 教育理想的倡导者

教育理想是指对未来教育图景和目标的设想和期望。根据一定事实发展的趋势、思想倾向或理论,通过推论得出的具有一定合理性的教育预见。对于校(园)长而言,除了对教育理想的理性思辨之外,还需将学校(幼儿园)的组织愿景与教育理想相结合,付诸自身的教育领导活动之中,从而将教育理想照进现实。这绝不是空洞的专业构想,而是作为教育家型校长的内在要求。聚焦到学校(幼儿园)的内涵发展与校(园)长的课程领导实践,课程变革与教学创新仍然是校(园)长课程领导的核心,进而促进教师专业发展和学生(幼儿)的学习品质是校(园)长课程领导的终极理想。

校(园)长需要紧随基础教育和学前教育的改革趋向,改变传统的教育理念,不仅了解和知悉中小学和幼儿园课程改革的演变,而且了解未来课程研究与发展的趋势以及当前课程改革的新议题,借以促进中小学和幼儿园的可持续健康发展。校(园)长需要把教育的理想与热情,通过制度与文化,传递给师生员工、渗透在教育教学活动的实践之中。校(园)长需要通过一系列的课程建设与教学的改革,把这种教育的理想与热情转化为学校(幼儿园)发展的动力,转换为学生(幼儿)学习与教师专业发展的指路灯塔。

2. 共同体的缔造者与激励者

课程领导组织有别于以往一般意义上的组织,它是一种"共同体"的形式,因为课程领导不是个人的事,而是一个领导共同体(a community of leaders)[2]的事情。事实上,"教师专业发展思想的一个重要转向就是将关注的重心从'专业个人主义'转向'学习共同体',在共同体中,教师通过参与合作性的实践来滋养自己的教学知识和实践智慧"[3]。同时,校(园)长所开展的共同体建设归根结底是一种问题驱动的深层学习方式,它强调"将学习过程设置到复杂的、有意义的问题情境当中,通过

① 陈明宏.校长课程领导的研究[D].华东师范大学,2007.

② 郑燕祥.学校效能与校本管理:一种发展的机制[M].上海:上海教育出版社,2002:126.

③ 王淑莲,金建生.教师协同学习共同体:教师专业发展新范式[J].中国高教研究,2017(01):95-99.

共同体成员的合作解决真实性问题,使教师在教学实践中所获得的知识形成一种实践智慧,形成解决问题的技能,提高自主学习的能力"①。

校(园)长在课程共同体中担负着缔造者和激励者的角色,校(园)长要依据课程发展与实施的需要,组织、调整或重组学校(幼儿园)组织结构,让学校(幼儿园)中的每一个教师和每一个学生(幼儿),甚至是每一间教室都成为课程共同体的有机部分,并且通过共同体的运作,激励每一个成员,在课程实践中实现自身的自主发展。校(园)长需要高度重视真实的问题情境,组织多方专业力量,在高质量的校(园)本研修活动中,推进专业学习共同体建设,为中小学(幼儿园)的课程建设与教学创新注入"生机与活力"。

3. 课程愿景的策划者

教育是寄托着人类社会未来之梦的美好事业,而课程又是最直接地体现了教育理想与旨趣的"蓝图"。在目前的教育研究尤其是在课程研究中引入愿景式的思考方式就显得相当重要和紧迫。② 事实上,课程愿景领导作为课程领导的有机组成部分,是最能充分体现学校(幼儿园)组织愿景的核心要素。校(园)长需要对课程愿景有清晰、正确的理解,并调动教师参与课程愿景的积极性和主动性。③ 基于此,立足自身的课程理念,分析学校(幼儿园)过去发展课程的经验,校(园)长要形成自身的课程立场与方向,进而召集课程利益相关者建立共享的课程愿景与任务。在课程愿景的策划与确立的过程中,校(园)长还要把共同愿景和个人发展的愿景密切结合起来,这样才能较好地促进学生(幼儿)的全面发展和教师的专业自主发展。

4. 课程团队的组织者

校(园)长需要组建强有力的课程团队,他们是专业共同体的核心力量。启动课程建设、协作课程设计、引领教学实践、组织反思与交流是校(园)长作为"课程团队组织者"的基本工作任务,并在这个进程中促进教师专业知识与技能的提升,促进教师教学效能感的提升。校(园)长需要组建教务行政团队和教师团队,明确各自的职责,加强彼此间的沟通合作,以便确立和优化学校(幼儿园)课程发展的自我运行机制。

在课程团队的组织环节中,校(园)长需要努力营造民主研讨氛围,让有潜力的教师自我发现,同时增加教师访问学习以及与课程专家合作的机会,从而拓宽教师的专业视野,丰富其专业经验,并引领其专业问题的有效解决。与之相应,校(园)长也需要有突出的专业水平、人格魅力与教育热情、反思能力与敏锐的观察力等。④

---

①　张平,朱鹏. 教师实践共同体:教师专业发展的新视角[J]. 教师教育研究,2009(02):56 - 60.

②　余小茅. 论我国的课程愿景[J]. 教育发展研究,2006(23):17 - 20.

③　黄文源. 学校课程愿景领导及其实现路径的研究[D]. 华中师范大学,2010.

④　刘径言,吕立杰. 引领团队学习的教师课程领导者:特征与培养方式[J]. 外国教育研究,2010(05):78 - 82.

5. 专业领导者

规划与倡导教师的专业发展对于课程领导的成效有关键性的影响。学校(幼儿园)本身就是提供专业教育服务的场所,而教师就是研究与改进教育活动的主角。校(园)长应规划系列的校(园)本培训活动,培养教师从事行动研究的知能,激发教师的成就抱负,发展教师的多元智能。校(园)长还应积极地让教师参与在职的训练或进修,增进教师在课程设计、实施与评鉴等方面的课程知能,以及教师间的团队合作与共同管理能力。

从校(园)长自身的专业领导素养而言,校(园)长要明确自身"非官员""非教师"的专业身份,要逐步转变对工作职责的理解与认识,充分认识到校(园)长在价值领导、教学领导、组织领导等方面的专业性;校(园)长需要具备从事学校(幼儿园)工作所需要的专业知识,掌握基本的方法、技术与手段;校(园)长需要能对学校(幼儿园)的课程发展进行专业的诊断,明确并实施课程发展规划,并整合教育专业资源,达成预期的课程愿景及目标。①

6. 组织文化的领导者

一个组织往往包括"硬实力"和"软实力"两个部分,而文化就是一个组织的软实力。② 要建设有力的组织文化,首要的因素是组织的主要负责人,是他们在缔造、倡导和管理组织文化。大凡成功的中小学(幼儿园),通常都有优秀的组织文化,都有重视组织文化建设的领导班子。某种意义上说,学校(幼儿园)组织变革的实质就是组织文化的重塑,这就需要校(园)长具备良好的文化领导力,着重在诊断文化、共享领导、传通意义、建构专业共同体和培育信任中,不断优化学校(幼儿园)的组织文化。③ 因此,校(园)长需要塑造有深厚底蕴和鲜明特色的组织文化,并将组织文化融入学校(幼儿园)的物质环境、精神环境、行为方式和制度体系之中,并将文化建设和育人环境有机结合,从而服务于立德树人的根本任务。

同时,学校(幼儿园)课程领导与教师专业发展是课程有效实施的重要保障,如何提升学校(幼儿园)课程领导,进而营造一个有利于教师专业发展的组织文化,促进教师的专业发展,最终达成高品质的课程实施是当前课程改革的重要议题。④基于此,校(园)长需要塑造开放的组织文化,促进教师间的合作、对话、分享、创新与反思,这样的组织文化是课程实施的土壤与养分。校(园)长须倡导共同慎思、共同决策、反省批评、创新对话的专业文化和合作氛围,促进每位成员的专业成长,使

---

① 代蕊华. 校长要成为专业的领导者[N]. 中国教育报,2015-10-01(007).

② 杨春宝,牛德丽. 校长领导行为与学校组织文化建设关系浅析[J]. 重庆科技学院学报(社会科学版),2009(01):118-119.

③ 朱炜. 强化校长的文化领导力:学校组织变革的成功之道[J]. 教育发展研究,2013(24):32-35.

④ 林一钢,何强. 学校课程领导、组织文化与教师专业发展关系的研究——以中国大陆教研组为例[J]. 江西教育科研,2005(07):8-10.

学校(幼儿园)真正成为一个具有人文关怀与科学精神的专业社群。

7. 课程的协同合作者

中小学(幼儿园)的课程建设与教学改革同样会面临着课程权力不足、课程开发能力不够、课程资源欠缺和课程质量不高等问题,需要走向协同。① 校(园)长需要切实承担起课程协同合作者的专业角色,促成学校(幼儿园)、家长、社区、教育行政部门和大学课程教学研究机构之间的良性互动与有机合作。同时,校(园)长在课程领导中还担负着承上启下的专业角色。校(园)长在实施课程领导时,必须重视各种不同层级间的课程联结,使学校(幼儿园)课程发展既兼顾不同类型课程目标或方案的要求,又顾及本校的需求与特色,使之相互联结、相互支持,共同提升课程教学的专业品质。

此外,协同教学是实现学校(幼儿园)课程统整的重要举措,是推进课程建设与教学改革的有效途径,有利于集合教师群体的智慧、特长及经验,优化教学方式,提升教学技能,提高学校整体教学质量。② 校(园)长需要通过统筹协调,在学校(幼儿园)课程建设过程中,充分利用校内外各种教育资源,一方面利用校外的专家力量促进教师改变原有的认知模式,一方面利用校内的专业共同体优化日常教学管理,并帮助教师努力摆脱思维局限,提升其课程教学质量。

8. 课程的评价反馈者

教育质量是评价课程改革成效与现状的关键表征,课程实施过程的质量则是教育质量评价的重要组成部分,也是评估课程改革成效的关键指标。③ 聚焦到学校(幼儿园)课程建设和教学活动层面,校(园)长需要注重以下几个方面的课程评价及反馈工作。第一,学校(幼儿园)课程内容的文本分析。一方面要系统考察学校(幼儿园)课程的总体方案、学科(领域)课程指南等课程文本是否齐备,以及查看相关内容要素是否完整、表述是否科学、设计是否规范;另一方面在对具体课程文本进行分析时,要研判课程设计与编制的科学化表达以及理性化呈现。第二,学校课程实施的过程关照。针对课程实施方案,课程要能够让实施者清晰了解实施过程中该做什么以及该怎么做;明确课程实施过程中各主体的角色和地位;评估外部因素对于学校课程实施的影响,比如政府机构的支持力度,相关社会力量诸如社会团体、社区资源以及学生家长的支持和理解等。第三,学校(幼儿园)课程建设的特色呈现。在追求特色化与个性化建构的背景下,课程建设必须要紧密结合学校(幼儿园)已有的优势资源,凸显自身的特色。校(园)长需要评估当下的课程建设是否

①　胡定荣.学校课程创新:从自主到协同[J].课程·教材·教法,2015(11):22－28.

②　吉标.走向协同教学:课程与教学改革的时代呼唤[J].课程·教材·教法,2020(04):38－45.

③　王冰如.学校课程实施过程质量评估框架案例研究[J].教育发展研究,2013(24):11－15.

重视对办学历史和文化传统的考察,是否与办学理念具有内在的一致性,是否与发展愿景相符合,以及教师的参与程度等方面。① 此外,校(园)长还需要对课程设计的成品、学校(幼儿园)本身发展的课程成品、教师的课程设计与实施、学生的学习成果、教师的教学效果等实施不间断的评鉴,以维持课程教学的持续改进和专业品质的不断提升。

5.2.3 角色任务观指向的校(园)长专业发展

上述八方面角色观集中体现了校(园)长的三重角色,即教育者、领导者和行政者。这三重角色决定了校(园)长的专业发展。教育者的角色要求校(园)长成为教育理想家,成为课程专家和专业领导者,这就要求校(园)长在教育理论、课程理念等方面加强理论素养,在课程规划、设计、实施和评价等方面有很强的课程领导能力;领导者的角色不仅要求校(园)长具备一般的领导特质和领导行为,还要求校(园)长有领导共同体建设的能力,要求校(园)长成为专业共同体的策划者和激励者,这就要求校(园)长成为新型的道德领导和课程领导,在共同体建设中打造一支优良的课程团队,在更深层面塑造学校优秀的校园文化和课程氛围;行政者的角色则要求校(园)长在具体的领导行为中有效地驾驭教育组织结构,有效地驾驭和引领每一个成员,有效地把组织文化、共同愿景等课程领导的新理念融入日常的教学与管理实践中来。事实上,上述的八种角色观是三重角色观的延伸和再诠释,这些角色观规约着校(园)长的领导行为,也规约着校(园)长专业发展的方向与内涵。

角色行为意指实现自己所扮演的角色,并表现为外部行为、角色实现的过程,是主体适应环境和改造环境的过程。如果社会对角色的期望不清楚,或者个体对角色的认知错误,尤其是社会要求个体扮演两种以上不同性质的角色时,便会产生角色冲突现象。长期处于角色冲突之中,会使校(园)长的压力过大,给其身心和工作造成严重的影响。事实上,在校(园)长课程领导实践过程中,审视和反思其角色行为,依然存在着角色认知模糊、角色冲突的现象,具体表现为"重教育理念、轻管理实务,知与行的分离,说与做的脱节,重日常事务、轻专业引领,重刚性管理、轻柔性管理,重个人权力、轻人格魅力"等②。基于此,校(园)长需要在理论与实践两个层面,通过较为系统的方式开展学习与研修活动,在自主发展与专业分享的过程中,不断提升自身的专业素养,明晰校(园)长的角色观,化解好"教育者、领导者、行政者"的角色冲突,扮演好"教育理想的倡导者、共同体的缔造者与激励者、课程愿景的策划者、课程团队的组织者、专业领导者、组织文化的领导者、课程的协同合作者、课程的评价反馈者"的角色期待,并将课程领导与自身的专业发展有机结合起来,这也是新时代中小学和幼儿园内涵式健康发展的必然趋势与现实需求。

---

① 李红恩.学校课程评价的意蕴、维度与建议[J].教学与管理,2019(34):1-4.

② 向玉青.校长角色行为的辩证思考[J].上海教育科研,2007(12):47-48.

5.3　在共同体建设中促进校(园)长的课程领导

　　"共同体"是萨乔万尼教育管理思想体系中一个非常重要的概念,他认为"'共同体'就好比有多种不同颜色和形状的'马赛克',它们通过一个共同的骨架和胶水组合在一起,对其自身的独特性和所共享的架构拥有坚定的承诺。它要求人们走到一起,共享承诺、理念、价值观,使人们发现生活的意义,在艰辛的时刻信守承诺,追寻灿烂的明天"①。事实上,专业共同体是适合学校(幼儿园)组织的领导理论,它将道德领导置于首位,依靠的是规范、目的、价值观、专业精神、团队精神以及成员间自然而然的互依性,它更多地聚焦于成员之间的承诺、责任和义务。② 校(园)长必须积极响应专业共同体的建设,通过共同愿景、系统开放和合作文化的协同,促进学校(幼儿园)的课程改革与发展。

5.3.1　共同体建设与道德领导的转型

　　专业共同体要求校(园)长实现领导方式的转型,它将道德领导置于首位,而道德领导抵及校(园)长专业发展的核心。专业共同体有共享的价值观、共同愿景、共同承担的责任和义务以及共同的情感和信念等,而这些方面的特征对我们的校(园)长提出了一系列的要求。校(园)长要能够识别并澄清专业共同体的价值观和信念;要将上述的价值观和信念转化为支配人们行为的非形式的规范;要能够发扬共同体内部的团队精神,使共同体内部产生凝聚力,成员间彼此信赖;要引导共同体成员对责任和义务作出回应;要依靠共同体的规约来强化专业及共同体的价值体系。因此,校(园)长课程领导的工作重点应当从对组织成员的控制,转移到关注学校(幼儿园)的愿景和文化。

　　事实上,"共同体"强调人们有共同意愿且自由结合,有共享的价值观和理念,把每一个人从个体的"我"改造成"我们","共同体"有责任倾听各种不同的声音,兼顾各方利益,协调各种关系,让"共同体"成员围绕共同的目标和理念,在相互尊重的框架下达成一致意见。③ 依照赫德的观点,专业共同体包含五个主题或向度。第一,支持性及共享的领导。邀请同事参与决策,校(园)长愿意分享领导(包含权力和权威),并乐意成为学习者质疑、探究与寻求学校(幼儿园)改善和提升方案。校(园)长具有一定能力去辅助同事的工作,让同事团结地发展所长,并不是过分地介入同事的参与。第二,共享的价值和愿景。校(园)长需要致力建构一个让学生

---

　　① 杨江峰."共同体中心":学校发展的黏合剂[J]. 中小学管理,2012(02):47.
　　② 冯大鸣.道德领导及其文化意蕴[J]. 全球教育展望,2004(03):15 - 18.
　　③ 杨江峰."共同体中心":学校发展的黏合剂[J]. 中小学管理,2012(02):47.

(幼儿)发挥他们潜能的环境;营造一种良好的人际关系,个人之间的关系是互相关怀,并透过开放性沟通和信任得到鼓励。当专业学习共同体得以建立时,个人的才能和投入感化为团体的力量。第三,集体学习与学习的应用。校(园)长需要重视反思性的对话或探究,促进教师间的互动研修,并提供机会让同事评估和检视自己是否有效地协助学生(幼儿)开展高品质的学习活动。第四,支持性条件。校(园)长为教师间定期的研修提供相应的支持条件,促进教师对专业问题的解决和创造性工作。除了激发教师自身的因素外,社区态度是否正面和支持,家长和社区人士是否以伙伴角色配合学校(幼儿园)发展,对专业学习共同体的发展有一定的作用。第五,共享的个人实践。在一个专业学习共同体里,校(园)长需要持续地引领、鼓励和支持教师间的互相观课,引导教师以同侪互相支持的心态,不断地检视自己的教学行为,并协助对方解决困难。① 就中小学(幼儿园)而言,专业共同体就是基于对教和学活动的共识而共享价值观,且在共享价值观、愿景下以一种源自内心的激情而合作性地实现教育目标所形成的有机统一体。信任、互惠、合作的关系网络和共享价值观是专业共同体的关键性特征。② 校(园)长需要重视课程领导的内在向度,在不同层面给予组织明确的发展方向和最大的内驱动力,给予教师最大的专业支持,从而促进教师专业发展和学生(幼儿)学习品质的全面提升,将课程建设与教学改革引向深入,最终提升教育教学的质量与效能。

面对专业共同体的建设,校(园)长需要努力实现自身道德领导的转型,需要在以下几个方面不断加强自身的修养和领导能力。具体而言,第一,校(园)长能够塑造组织愿景,帮助共同体成员知悉和共享组织的发展愿景;需要对成员所能达成的目标给予认可和激励;需要达成教师、学生(幼儿)和家长彼此间的沟通愿景。第二,校(园)长需要能够建立目标共识,使得组织愿景和个人目标相互一致,鼓励教师在建立学校(幼儿园)发展目标的同时,建立自己的专业发展目标。第三,校(园)长需要对共同体成员传递出高度的期望和个别化的关怀,期望值的高低能够激励员工的成就动机和发展动力,而个别化的关怀则能够较好地调动员工的积极性和主动性,增强共同体的生机和活力。第四,校(园)长需要将制度规范和权变奖惩结合起来。在制度规范上,落实共同体的价值观及共同的愿景,把责任与义务融通到共同体的日常生活中。在权变奖惩上,激励共同体成员的积极性,化解成员的消极不良反应。③

5.3.2　组织文化与校(园)长课程领导能力的塑造

从"科学管理"到"行为科学管理",再到"文化管理",组织文化关乎核心竞争力,关乎可持续的健康发展。良好的组织文化创建,需要做好如下几个方面的工

①　李子建,宋萑.专业学习共同体与课程发展[J].课程·教材·教法,2006(12):24-28.
②　朱园园,张新平.社会资本视角下的学校共同体及其建设[J].教学与管理,2014(10):1-3.
③　林明地.学校领导:理念与校长专业生涯[M].北京:九州出版社,2006:159.

作:培育正确的组织价值观,树立科学的价值理念,构建组织文化的核心;加强人力资源管理与开发,进行人本管理,激发员工的工作参与积极性;提高技术创新能力和管理创新能力。技术创新和管理创新是关系组织生死存亡的关键问题,而创新意识、创新能力、创新机制是一个组织充满生机和活力的源泉;创建学习型组织,增强组织的适应能力。未来组织文化建设的目标是将组织塑造成学习型组织;实行目标管理,建立清晰、具体、可行的组织目标,鼓励个人目标和组织目标相结合。①聚焦到中小学(幼儿园)的组织特性,校(园)长同样需要重视组织文化的价值与作用,全面营造良好的育人文化,着力提升学校(幼儿园)的核心竞争力。一般而言,良好的组织文化创建需要紧跟党的教育方针政策,紧随教育改革与发展的趋势,立足师资队伍建设与机制体制创新,不断提升校(园)长的教育领导效能,并以课程领导为重点,促进学习型组织的创建与良好的研修文化,全面促进教师的专业发展,促进教师与课程改革的同步前行。

事实上,学校(幼儿园)的组织文化与共同体建设,彼此间相辅相成、相互依赖、互为促进。组织文化是:"一些无形的、想当然的信仰与假设,赋予人们的所说与所做以一定的意义。它影响着人们如何解释成百上千的日常交往。文化有其稳定的、深层的意义内涵,并不断地形塑着我们的信仰与行为。"②学校(幼儿园)组织文化渗透到课程与教学的每一个环节,渗透到学校(幼儿园)生活的每一个空间。因此,组织文化具有重要的意义,影响着专业共同体的建设和教育教学质量的提升。对于校(园)长而言,在课程领导的实践和组织文化的创建中,就是需要不断明晰组织文化的深层意义和外在符号系统,需要利用组织文化的符号系统与仪式活动等,把专业共同体共享的价值观和信仰融入学校(幼儿园)的生活世界。校(园)长要努力创设学校(幼儿园)的办学特色,塑造和谐的校园氛围,优化校园环境,在优良的组织文化的潜移默化中实现学校(幼儿园)的良性发展和自身领导能力的不断提升。

5.4 校(园)长课程领导品质的有效修炼

5.4.1 课程领导对校(园)长领导品质的呼唤

关于校(园)长的研究有很多,总体看来,涉及校(园)长素质、特质、能力,校

---

① 何立,凌文辁. 现代企业管理的新思想——创建有效的组织文化[J]. 企业经济,2003(11):56-58.

② DEAL T, PETERSON K. The principal's role in shaping school culture [M]. Washington, DC: U. S. Department of Education, Officer of Education Research and improvement, 1990.

（园）长的角色、领导力、胜任力以及标准等方面的研究，名称上虽有差异，但内容上具有较多相似性，皆在探讨校（园）长的特点、素质、能力、品质等特质。① 转型的课程领导，内在地对校（园）长有诸多的专业诉求，聚焦于领导特质，则具体包含了如下五个方面。第一，理想化的影响力——校（园）长应具有远见，不受限于短期组织发展的得失；能够清楚地确立组织发展的理想目标，并获得师生员工的广泛认同。校（园）长个人所散发的领导魅力，为师生和部属所尊敬、崇拜、信任，并迸发出强烈的使命感与责任感。第二，激发动机——校（园）长运用其专业影响力，激励师生及部属不断提升工作目标与动机，而不仅限于当下工作的利弊得失，并将组织发展与个体发展高度契合，从而为组织发展注入强大动力。第三，启发智识——运用各种方法启发师生员工的智识，使其具备较好的辩证思维水平和丰富的专业实践经验，并在复杂问题的解决上更具有创造力，从而拥有良好的专业品质。第四，重建组织——校（园）长试图改变现有组织环境，跳脱出以往课程与教学的窠臼，重新检视组织成长的兴革能力。不仅重视精神层面的环境改造，也注重物质和制度层面的环境改造，为组织发展提供有力的外部支持。第五，个别关怀——引导师生员工的成长，给予适当的个别关怀，使教职员工有远见与信心承受更多的责任。②

有学者进一步指出，领导特质具体包括：第一，有经验且持续成长；第二，以学生（幼儿）和组织成员为中心；第三，乐意去实验，但会顾及后果；第四，高度投入，但不过度；第五，信任但不天真；第六，有权但不专横；第七，随时可见；第八，有尊严但不拘泥礼仪；第九，会要求亦会体谅；第十，雄心壮志为团体，而非为自己。③ 校（园）长的课程领导内在地呼唤上述这些特质，当校（园）长们自身具备或者拥有这些特质时，自身的专业发展将会得到极大的促进与提高。同时，校（园）长的课程领导有其专业领域的特殊性，需要顺应教育家型校（园）长的内在要求，不仅有崇高的人格、闪光的思想和丰硕的业绩，而且努力成为有创新、有贡献、有影响的教育实践工作者。④ 校（园）长要成为教育家，就需要不断加强自我修养，提高道德水平和教育理论水平。校（园）长需要成为教育教学的行家里手，并在道德上有感召力。校（园）长需要懂教育、有公心、有胸怀，才能把有能力的人匹配到重要岗位，创造出良好的工作氛围，促进教师的专业成长。⑤

事实上，从课程领导的层面而言，教育家型的校（园）长需要有远大的教育理想，并能够创建出学校（幼儿园）发展的共同目标和共同愿景；具备系统而先进的教

① 朱志勇,崔雪娟.优秀校长的领导特质:媒体报道视角的分析[J].教育学报,2013(01):100-110.

② 台湾海洋大学师资培育中心.课程领导与有效教学[M].北京:九州出版社,2006:23.

③ 台湾海洋大学师资培育中心.课程领导与有效教学[M].北京:九州出版社,2006:31.

④ 李维兵.向教育家型校长目标前进[N].中国教师报,2019-10-23(012).

⑤ 乔锦忠.从校长到教育家,我们还缺少什么[N].中国教师报,2020-01-15(012).

育理念、管理理念,并能够运用理念引导行动;有清晰的办学思路,并能够将理念落到实处;对学校(幼儿园)有清楚的定位,树立共同的价值追求;激励并协助教师进行专业成长;承诺并鼓励被领导者自我发展;营造终身学习的组织氛围;具有国际化的视野等。① 从校(园)长专业素养的层面而言,校(园)长则需要有良好的专业素养和行政素养,专业素养包括专业理论知识素养、专业实践知识素养以及专业技能素养三个方面,行政素养包括规划战略素养、法治素养以及执行素养等。②

5.4.2　校(园)长领导品质的修炼

校(园)长的领导品质与校(园)长的个性特征密切相关,也与其自身的专业发展紧密相连。校(园)长们在充分挖掘自身潜力与个体特征的同时,也应该进行积极有效的修炼,以便更好地促进自身的专业发展。具体而言,第一,校(园)长需要重视学习型组织的建设,重视学校内部不同群体间的对话与沟通。校(园)长需要把共同愿景、价值观以及特色文化等都融入学校(幼儿园)的长远规划之中,把校(园)长的领导风格注入团队建设之中,进而形成共同体的核心价值观念,并充分体现组织文化的优势与特色。同时,校(园)长需要在共同体建设中,着力促进组织成员心智模式的完善,将共同体建设与教师专业发展有机结合起来,形成专业发展的教育合力。第二,校(园)长需要在日常的管理实践中,为教师专业成长提供强有力的支持服务,为学生(幼儿)学习品质的持续提升营造良好的育人环境。校(园)长自身需要将教育领导的理念与风格化作合作性的探究、发现、学习与交流,从而促进学习型组织的创建,并指向日常的教育管理实践。第三,校(园)长需要不断地提升自身的领导威信,以便能够更好地感召人、激励人,在专业指导的基础上,实现学校(幼儿园)的跨越式发展。第四,校(园)长需要重视自身对专业实践的反思性理解,在反思中实现自我领导素养的提升。校(园)长需要不断地反思自身的领导行为,不断加强自身的领导修养,实现领导方式的转换,真正实现道德领导的真谛。第五,校(园)长的专业实践充满了故事,校(园)长总是在一个个精彩或令人反省的故事中实现着自我的叙述与反思。校(园)长需要借助"情境"对自身的领导行为与实践进行积极的叙述与反思,从而真切地促进自身的专业发展。

5.5　加强校(园)长课程领导专题培训的开发力度

当前课程领导的专题培训,无论在培训内容上,还是在培训形式上仍然不够成

---

① 朱志勇,崔雪娟.优秀校长的领导特质:媒体报道视角的分析[J].教育学报,2013(01):100 - 110.

② 苏君阳.探寻教育家型校长成长规律[N].中国教师报,2019 - 03 - 20(013).

熟。课程领导的专题培训在培训内容上显得比较薄弱,缺乏实践经验的支撑。由于专题开发的力度不足,在培训形式上比较单一,多侧重于理念上的讲授学习。与以往的专题培训比较,课程领导的专题培训还处于起始阶段。因此,在校(园)长专业化的现实背景下,我们需要加大对课程领导专题的开发力度。

5.5.1 基于专业标准的课程领导专题培训

在课程领导的视域下,我们需要进一步明晰校(园)长的角色定位,进而围绕教育者、领导者、行政者等角色期待,开展有针对性的专业培训活动,促进其专业综合素养的全面提升。一方面,校(园)长培训工作需要紧紧依循《校(园)长专业标准》所关涉的基本理念,围绕"发展规划、育人环境、课程教学、教师成长、内部管理和外部管理"开展有针对性的培训主题,切实促进校(园)长的专业实践及专业发展;另一方面,以课程领导为培训主题,促进校(园)长个人素质的持续提升。理念层面的更新包括教育观念、课程观念、课程领导观念,涉及知识素养与理性思考能力;实践层面的提升则包括课程规划、课程设计、课程实施、课程评价等,并将校本研修等工作有机结合起来。同时,在校(园)长培训的过程中,不断变革培训方式,注重培训效果的持续提升。

课程领导的相关专题培训需要真切地关涉到真实的教育情境及现实问题,关涉到中小学(幼儿园)的课程与教学改革,这就需要我们加强对课程领导的理论研究和实践摸索,进而加大校(园)长在课程领导理念与实务方面的培训力度,通过相关的专题培训活动,更快更好地提升校(园)长课程领导的能力与素养。在开发与整合课程领导相关资源的基础上,我们也需要加大课程领导专题培训形式的改革。课程领导专题培训的重点应该转移到课程领导理念与价值观的塑造以及现实问题的解决上,避免单纯的知识灌输和理论重复,避免"从理论到理论,从课堂到课堂"的纸上谈兵;告别过去单一呆板的培训形式,开创"在实践中学习,在学习中实践"的新模式,从而在真正意义上落实"专家引领、同伴互助、个人反思"的培训意涵,提高校长投入、参与、反思的程度,促进其思维方式和行为方式的变革。

5.5.2 基于"问题解决"的课程领导专题培训

从国际视野来看,未来的校(园)长培训呈现一些新的特征,基于"问题解决"的培训就诞生于这一背景之中。这一从医学教学领域中发展而来的教学模式在美国的校长专业发展培养中取得了一定的成功,以至美国大学教育管理委员会(UCEA)将其称为"最为恰当的学校管理者养成模式"。[①] 基于"问题解决"的培训活动即是一种以问题为驱动力和以培养学习者(参训者)问题意识、批判性的思维技巧以及问题解决的实践能力为主要目标的研修方式。就校(园)长专业发展而

---

① 赵海涛.基于问题的校长培训模式研究[D].华东师范大学,2005.

言,在课程领导中所遭遇的各类实际问题及其有效解决,不仅影响着日常的教育管理实践,也影响着校(园)长的教育领导效能。课程领导中的诸多问题解决,既有赖于校(园)长知识学习、经验累积与技能训练的效能,也会促进其专业学习深度,提升其专业综合素养。事实上,问题解决能够促进知识建构,问题解决成功后知识的建构实质就是通过表征重述获得概念性知识的过程。①

　　基于"问题解决"的课程领导专题培训工作需要体现类别化的特征,并开展有针对性的改革与探索。超越传统的培训内容和形式,我们可将相关专题培训划分为知识类、经验类、技能类和问题解决类。知识类、经验类与技能类培训专题中体现问题驱动的专业发展理念,并最终在问题解决类的专题学习中予以集中体现和系统提升。知识类培训专题侧重在让校(园)长较为系统地掌握和理解课程领导,并通过学理或理论问题的主动学习与研讨,提升其课程领导意识与专业理性,形成相关的价值观念体系;经验类专题侧重于优秀校(园)长的讲座交流、经验分享活动等,使校(园)长较为全面地获得与累积专业经验,并通过专业实际问题解决过程中的专业实践、专业分享与共享,提升其经验系统及反省思维能力;技能类课程侧重于课程领导所关涉的专业技能,使校(园)长较为深入地掌握和运用专业技能,并通过专业实际问题解决过程中的专业训练与切磋,提升其专业技能水平;问题解决类培训专题则包括教育研究类、教育类或管理类学术讲座活动等,使校(园)长在问题发现、问题表征、问题分析和问题解决的过程中,提升教育科研意识与能力,并将教育科学研究与教育管理实践有机结合,为专业发展注入核心竞争力。

5.5.3　基于"共同体建设"的课程领导专题培训

　　校(园)长的课程领导需要注重共同体建设,而专业共同体本身就是一种学习场域,需要实现一种"深度对话""深度合作""深度研修"的专业关系,促进价值观念的认同、知识经验的分享、业务能力的切磋、实践问题的研讨以及专业智慧的共享等。基于"共同体建设"的课程领导专题培训,需要有合理的价值认同与专业引领,注重目标驱动与任务导向,强调互动研修与问题本位,并始终重视思维提升与智慧共享,最终实现校(园)长的专业自主发展。

　　基于"共同体建设"的课程领导培训工作,需要实现一种深度对话、深度合作、深度研修的专业关系,重在对成员的专业引领与切磋,强调对学校(幼儿园)教育实际问题的有效解决,从而最大化地发挥场域的学习价值与效应,促进校(园)长的专业实践与专业发展。课程领导的共同体建设需要指向于中小学(幼儿园)教育教学的改革实践,指向于专业实践中的重要问题、热点问题或难点问题,通过各方专业力量的介入,共同致力于专业问题的有效解决、专业经验的持续分享、专业智慧的不断生成以及校(园)长研修效能的不断增强。

---

① 　张丽,辛自强.问题解决成功后知识的微观建构[J].上海教育科研,2006(04):51.

　　事实上,基于"共同体建设"的课程领导培训工作,就是要强调一种问题驱动的深层学习方式,"将学习过程设置到复杂的、有意义的问题情境当中,通过共同体成员的合作解决真实性问题,使成员获得知识,形成一种实践智慧,形成解决问题的技能,提高自主学习的能力"①。作为一种学习方式,校(园)长的研修共同体还可以提高共同体成员解决真实问题的能力,增进彼此间的信息交流与专业协作,使个体从共同体成员的互动中获益并且培养自己与他人的有效协作能力。② 基于此,我们需要在校(园)长课程领导主题培训工作中,注重学、研、训、修的契合与融入,重视开放、生态、多元的专业平台建设,并强调线上线下结合的数据支持与学习服务,最终实现多方专业力量的整合与共赢,促进校(园)长专业发展,促进中小学(幼儿园)的改革与发展。

---

　　① 张平,朱鹏.教师实践共同体:教师专业发展的新视角[J].教师教育研究,2009(02):56 - 60.

　　② 袁利平,戴妍.基于学习共同体的教师专业发展[J].中国教育学刊,2009(06):87.

主要参考文献

著作类:

[1] 苏霍姆林斯基. 和青年校长的谈话[M]. 赵玮,等译. 上海:上海教育出版社, 1983.

[2] 钟启泉. 现代课程论[M]. 上海:上海教育出版社,1989.

[3] 施良方. 课程理论——课程的基础、原理和问题[M]. 北京:教育科学出版社. 1996.

[4] 彼得·圣吉. 第五项修炼[M]. 郭进隆,译. 上海:上海三联书店,1998.

[5] 张华. 课程与教学论[M]. 上海:上海教育出版社,2000.

[6] 阿瑟·W. 库姆斯. 学校领导新概念:以人为本的挑战[M]. 罗德荣,黄爱萍,等译. 北京:中国宇航出版社,2002.

[7] 教育部基础教育司组织编写. 走进新课程——与课程实施者对话[M]. 北京:北京师范大学出版社,2002.

[8] 彼德·诺斯豪斯. 领导学:理论与实践[M]. 吴爱明,陈爱明,陈晓明,译. 南京:江苏教育出版社,2002.

[9] 威廉·G. 坎宁安,保拉·A. 科尔代罗. 教育管理:基于问题的方法[M]. 赵中健,译. 南京:江苏教育出版社,2002.

[10] 郑燕祥. 学校效能与校本管理:一种发展的机制[M]. 上海:上海教育出版社, 2002.

[11] Allan A. Glatthorn. 校长的课程领导[M]. 单文经,译. 上海:华东师范大学出版社,2003.

[12] 黄旭钧. 课程领导:理论与实务[M]. 台北:心理出版社,2003.

[13] 冯大鸣. 美、英、澳教育管理前沿图景[M]. 北京:教育科学出版社,2004.

[14] 杰拉尔德·C. 厄本恩. 校长论[M]. 黄崴,龙君伟,译. 重庆:重庆大学出版社, 2004.

[15] 孟万金. 协作互动——资源整合的力量[M]. 上海:华东师范大学出版社,2004.

[16] 欧用生. 课程政策与课程领导[M]. 台北:高等教育出版社,2004.

[17] 托马斯·J. 萨乔万尼. 校长学:一种反思性实践观[M]. 张虹,译. 上海:上海教育出版社,2004.

[18] 小威廉姆·E. 多尔. 课程愿景[M]. 张文军,等译. 北京:教育科学出版社,2004.

[19] 黄显华,朱嘉颖.课程领导与校本课程发展[M].北京:教育科学出版社,2005.

[20] 李剑萍.校长领导与学校效能的实证研究[M].济南:山东人民出版社,2005.

[21] L.David Weller Jr,Sylvia Weller.学校人力资源领导——中小学校长手册[M].杨英,译.北京:中国轻工业出版社,2005.

[22] 麦克尔·富兰.变革的力量——透视教育改革[M].中央教育科学研究所加拿大多伦多国际学院,译.北京:教育科学出版社,2005.

[23] 麦克尔·富兰.学校领导的道德使命[M].中央教育科学研究所加拿大多伦多的国际学院,译.北京:教育科学出版社,2005.

[24] 杨全印,孙嫁麟.学校文化研究——对一所中学的学校文化透视[M].北京:教育科学出版社,2005.

[25] 郑燕祥.教育领导与改革新范式[M].上海:上海教育出版社,2005.

[26] 詹姆士·G.亨德森,理查德·D.霍索恩.革新的课程领导[M].志平,李静,译.杭州:浙江教育出版社,2005.

[27] 林明地.学校领导:理念与校长专业生涯[M].北京:九州出版社,2006.

[28] 于泽元.课程变革与学校课程领导[M].重庆:重庆大学出版社,2006.

[29] 上海市教育委员会教学研究室.基于问题解决提升课程领导力的行动[M].上海:华东师范大学出版社,2014.

[30] 上海市教育委员会教学研究室.我们的课程领导故事[M].上海:华东师范大学出版社,2014.

[31] 上海市教育委员会教学研究室.为了学校的可持续发展——普通高中提升课程领导力的探索[M].上海:华东师范大学出版社,2014.

[32] 郭德侠.校长如何提升课程领导力[M].北京:北京师范大学出版社,2016.

[33] 李朝辉.从管理走向领导:小学校长课程领导的个案研究[M].沈阳:辽宁人民出版社,2014.

[34] 李季湄,冯晓霞.《3—6岁儿童学习与发展指南》解读[M].北京:人民教育出版社,2013.

[35] 林崇德.21世纪学生发展核心素养研究[M].北京:北京师范大学出版社,2016.

[36] 钟启泉,崔允漷.核心素养研究[M].上海:华东师范大学出版社,2018.

[37] 余文涛.核心素养导向的课堂教学[M].上海:上海教育出版社,2017.

[38] 仇忠海,徐红.超越标准:校长专业标准[M].上海:上海教育出版社,2016.

[39] 靳玉乐.学校课程领导理论:理论研究与实践探索[M].北京:人民教育出版社,2011.

外文类:

[1] BOLMAN L G, DEAL T E. the path to school leadership:a portable mentor[M]. California:Corwin Press,1993.

[2] BYYK A S, SCHNEIDER B. Social：Amoral resource for school improvement［M］. Chicago：University of Chicago，center for school improve，1996.

[3] BRUBAKER D L. Creative curriculum leadership[M]. California：Crowin Press，1994.

[4] HENDERSON J F, HAWTHORNE R D. Transformative curriculum leadership[M]. N J：Merrill. 1995.

[5] LEES S. Schulman and Miriam Gamoran Sherin. Fostreing Communities of Teacher AsLeaner：Disciplinary Perspectives[J]. Curriculum Studies，2004，36(2)：136.

期刊类：

[1] 吕国光.校长如何提高课程领导能力[J].中小学管理,2002(08).

[2] 钟启泉.从"课程管理"到"课程领导"[J].全球教育展望,2002(12).

[3] 于淑云.论中小学校长专业发展与校长培训[J].国家教育行政学院学报,2003(05).

[4] 靳玉乐,赵永勤.校本课程发展背景下的课程领导:理念与策略[J].课程·教材·教法,2004（02）.

[5] 李定仁,段兆兵.试论课程领导与课程发展[J],课程·教材·教法,2004(02).

[6] 张延凯.革新课程领导的现实意义和策略[J].课程·教材·教法,2004(02).

[7] 冯大鸣.道德领导与文化意蕴[J].全球教育展望,2004(03).

[8] 郑先俐,靳玉乐.论课程领导与学校角色转变[J].河北师范大学学报(教科版),2004(05).

[9] 余进利.校长课程领导:角色、困境与展望[J].课程·教材·教法,2004(06).

[10] 沈小碚,罗入会.课程领导问题探析[J].教育研究,2004(10).

[11] 杨小微.转型性变革中的学校领导[J].教育研究与实验,2005(04).

[12] 盛冰.现代学校的危机与功能共同体的重建[J].教育理论与实践.2005(06).

[13] 徐君.从课程管理到课程领导:课程发展的必由之路[J].课程·教材·教法,2005(06).

[14] 郑东辉.中小学课程领导研究综述[J].上海教育科研,2005(08).

[15] 郑东辉.试论课程领导的发展[J].外国教育研究,2005（09）.

[16] 王利.课程领导研究述评[J].教育学报,2006(03).

[17] 李朝辉,刘树仁.从"自在"走向"自为":校长走向课程领导的策略[J].教育科学研究 2006(05).

[18] 杨明华,郭金华.加强学校课程领导的思考与实践[J],课程·教材·教法,2006(10).

[19] 邹尚智.论中小学校长校本课程领导的功能和策略[J].课程·教材·教法,

2007(01).

[20] 褚宏启.走向校长专业化[J].教育研究,2007(01).

[21] 鲍东明.关于西方课程领导理论发展趋向研究[J].比较教育研究,2016(02).

[22] 高敬,王梳园.台湾幼儿园园长课程领导力指标的研究[J].上海教育科研,2016(01).

[23] 李敏谊,周晶丽.幼儿园园长作为课程领导者的历史与变迁——基于北京市某园长课程领导实践的个案研究[J].学前教育研究,2014(12).

[24] 鲍东明.从"自在"到"自为":我国校长课程领导实践进展与形态研究[J].教育研究,2014(07).

[25] 张华.论课程领导[J].教育发展研究,2014(02).

[27] 王怡.对幼儿园园长课程领导力的理性思考[J].陕西教育学院学报,2012(01).

[28] 鲍东明.校长课程领导意蕴与诉求[J].中国教育学刊,2010(04).

[29] 王月芬,徐淀芳.学校课程计划与课程领导力的实现——基于上海的实践探索[J].教育发展研究,2009(02).

[30] 李朝辉,马云鹏.校长课程领导的境遇及解决策略[J].全球教育展望,2006(06).

[31] 钟启泉,岳刚德.学校层面的课程领导:内涵、权限、责任和困境[J].全球教育展望,2006(03).

[32] 林一钢,黄显华.课程领导内涵解析[J].全球教育展望,2005(06).

[33] 李天顺.在《3—6岁儿童学习与发展指南》培训班上的讲话[J].学前教育研究,2012(12).

[34] 王宝华,冯晓霞,肖树娟,苍翠.家庭社会经济地位与儿童学习品质及入学认知准备之间的关系[J].学前教育研究,2010(04).

[35] 左璜.基础教育课程改革的国际趋势:走向核心素养为本[J].课程·教材·教法,2016(02).

[36] 和学新,乌焕焕.学校课程规划:动力、向度与路径[J].中国教育学刊,2011(02).

[37] 杨建群.学习、探索、反思、创新——学习《3—6岁儿童学习与发展指南》在创新课程方面的几点思考[J].课程教育研究,2017(12).

[38] 何茜.国外幼儿园课程改革的基本经验与发展趋势[J].比较教育研究,2012(05).

[39] 虞永平.幼儿园课程发展与教师成长[J].学前教育研究,2007(12).

[40] 孙二军.基于"问题解决"的教师职前专业学习路径及培养策略[J].国家教育行政学院学报,2019(02).

[41] 吴晓玲.校长课程领导的取向差异与水平分层探析[J].课程·教材·教法,2018(06).

[42] 孙芳龄,雷雪梅,张官学,等.家园共育的实践意义与开展策略[J].学前教育

研究,2018(07).

[43] 汤雅黎,邓李梅.幼儿园课程领导的困境与突破[J].教育探索,2015(10).

[44] 胡中锋,王义宁.教育领导力模式变迁之反思[J].华东师范大学学报(教育科学版),2015(03).

[45] 王小英,缴润凯.基于《幼儿园园长专业标准》的园长培训课程构建[J].学前教育研究,2015(04).

[46] 余进利.五向度课程领导框架的架构[D].上海:华东师范大学课程与教学研究所,2005.

附录 1：学科核心素养的内涵及水平划分

语文学科核心素养的内涵及水平划分

基本维度		核心内涵	水平划分
语文学科核心素养	语言建构与运用	1. 语言建构与运用是指学生在丰富的语言实践中，通过主动的积累、梳理和整合，逐步掌握祖国语言文字特点及其运用规律，形成个体的言语经验，在具体的语言情境中正确有效地运用祖国语言文字进行交流沟通的能力。 2. 语言建构与运用是语文核心素养的重要组成部分，也是语文素养整体结构的基础层面。学生语文运用能力的形成，思维品质与审美品质的发展，文化的传承与理解，都是以语言的建构与运用为基础的，并在学生个体言语经验的建构过程中得以实现的。学生语言建构与运用的水平是其语文素养的重要表征之一。	1. 应该能积累较为丰富的语言材料和言语活动经验，具有良好的语感； 2. 能在已经积累的语言材料间建立起有机的联系，能将自己获得的语言材料整合成为有结构的系统； 3. 能理解并掌握汉语言文字运用的基本规律，能凭借语感和语言运用规律有效地完成交际活动； 4. 能依据具体的语言情境有效地运用口头和书面语言与不同的对象交流沟通，能将具体的语言作品置于特定的交际情境和历史文化情境中理解、分析和评价； 5. 能通过梳理和整合，将自己获得的言语活动经验逐渐转化为富有个性的具体的语文学习方法和策略，并能在语言实践中自觉地运用。
	思维发展与提升	1. 思维发展与提升是指学生在语文学习过程中获得的思维能力发展和思维品质的提升。 2. 语言的发展与思维的发展相互依存，相辅相成。因此，思维的发展与提升也是学生语文核心素养形成和发展的重要组成部分，是学生语文素养形成和发展的重要表征之一。	1. 应该能获得对语言和文学形象的直觉体验； 2. 能在阅读与鉴赏、表达与交流、梳理与探究活动中运用联想和想象，丰富自己对现实生活和文学形象的感受与理解，丰富自己的经验与语言表达； 3. 能够辨识、分析、比较、归纳和概括基本的语言现象和文学现象，并能有依据、有条理地表达自己的观点和发现； 4. 能运用基本的语言规律和逻辑规则分析、判别语言，有效地运用口头语言和书面语言与人交流沟通，准确、清晰、生动、有逻辑性地表达自己的认识； 5. 能运用批判性思维审视语言作品，探究和发现语言现象和文学现象，形成自己对语言和文学的认识； 6. 能自觉分析和反思自己的言语活动经验，提高语言运用的能力和思维的深刻性、灵活性、批判性、敏捷性、独创性。

（续表）

基本维度	核心内涵	水平划分
审美鉴赏与创造	1. 审美鉴赏与创造是指学生在语文活动中体验、欣赏、评价、表现和创造美的能力及品质。 2. 语文活动是人形成美、创造美的重要途径。在语文学习中，学生通过阅读鉴赏优秀作品、品味语言艺术而体验丰富情感，激发审美想象，感受思想魅力，领悟人生哲理，并逐渐学会面对语言表现美和创造美，形成自觉的审美意识和审美能力，养成高雅的审美情趣和高尚的审美品位。因此，审美鉴赏与创造是学生语文核心素养形成和发展的重要表征之一。	1. 应该能感受汉语汉字独特的美，表现出热爱祖国语言文字的感情； 2. 能感受和体验语言文字所表现的形象美和情感美，能欣赏、鉴别和评价不同时代、不同风格的语言和文学作品，分析其思想情感和语言特点，具有正确的价值观，高雅的审美情趣和高尚的审美品位； 3. 能运用祖国的语言文字表达自己对美好事物的情感、态度和观念，表现和创造自己心中的美好形象，具有创新意识。
文化传承与理解	1. 文化传承与理解是指学生在语文学习中，能继承中华优秀传统文化，理解、借鉴不同民族和地区文化的能力，以及在语文学习过程中表现出来的文化视野、文化自觉的意识和文化自信的态度。 2. 语言文字是文化的载体，又是文化的重要组成部分。通过语言文字的学习，实现文化的传承与理解是语文核心素养形成和发展的重要组成部分，也是学生语文素养形成的重要表征之一。	1. 应该能借助语言文字，体会中华文化的博大精深、源远流长，继承中华优秀传统文化，理解并认同中华文化，形成热爱中华文化的感情，提高道德修养，增强文化自信； 2. 能借助语言文字的学习，尊重多样文化，初步理解、包容和借鉴不同民族、不同区域、不同国家的文化，尊重人类文化的多样性，吸收人类文化的精华； 3. 能关注并积极参与当代文化传播与交流，在运用祖国语言文字的过程中，提高自己的思考和认识，初步形成对个人与社会、个人与国家、个人与自然关系的思考和认识，树立积极向上的人生理想，增强为民族振兴而努力的使命感和社会责任感。

语文学科核心素养

数学学科核心素养的内涵及水平划分

基本维度		核心内涵	水平划分
数学学科核心素养	数学抽象	1. 数学抽象是指通过对数量关系与空间形式的抽象,得到数学研究对象的素养。主要包括:从数量与数量关系、图形与图形关系中抽象出数学概念及概念之间的关系,从事物的具体背景中抽象出一般规律和结构,并用数学语言予以表达。 2. 数学抽象是数学的基本思想,是形成理性思维的重要基础,反映了数学的本质特征,贯穿在数学产生、发展、应用的过程中。数学抽象使得数学成为高度概括、表达准确、结论一般、有序多级的系统。 3. 数学抽象主要表现为:获得数学概念和规则,提出数学命题和模型,形成数学方法与思想,认识数学结构与体系。 4. 通过高中数学课程的学习,学生能在情境中抽象出数学概念、命题、方法和体系,积累从具体到抽象的活动经验,养成在日常生活和实践中一般性思考问题的习惯,把握事物的本质,以简驭繁;运用数学抽象的思维方式思考并解决问题。	1. 能够在熟悉的情境中直接抽象出数学概念和规则,能够在特例的基础上归纳并形成简单的数学命题;能够模仿学过的数学方法解决简单问题;能够解释数学概念和规则的含义,了解数学命题的条件与结论;能够理解和论证;能够在解决相似的问题中感悟数学的通性通法,体会其中的数学思想。在交流的过程中,能够结合具体情境解释相关的数学抽象概念。 2. 能够在关联的情境中抽象出一般的数学概念和规则;能够在新的情境中选择和运用数学方法解决问题;能够用恰当的例子解释抽象的数学概念和规则,理解数学命题的条件与结论;能够理解和构建相关数学知识之间的联系;能够理解用数学语言表达的概念、规则、推理和论证,能够提炼出解决一类问题的数学方法,理解其中的数学思想。在交流的过程中,能够用一般的概念解释具体现象。 3. 能够在综合的情境中抽象出数学问题,并用恰当的数学语言予以表达;能够针对新命题,能够在新命题的基础上形成新的数学结论和方法,运算或创造数学方法解决问题;能够通过数学理解数学结论的一般性;能够感悟数学结论的一般性,能够感悟通性通法中蕴含的数学思想,理解数学方法之间的联系。在现实问题中,能够把握研究对象的数学特征,并用准确的数学语言予以表达。在交流的过程中,能够感悟数学的通性通法,能够用数学原理解释自然现象和社会现象。
	逻辑推理	1. 逻辑推理是指从一些事实和命题出发,依据规则推出其他命题的素养。主要包括两类:一类是从特殊到一般的推理,推理形式主要有归纳、类比;一类是从一般到特殊的推理,推理形式主要是演绎。 2. 逻辑推理是得到数学结论、构建数学体系的重要方式,	1. 能够在熟悉的情境中,用归纳或类比的方法,发现数量或图形的性质、数量关系或图形关系;能够在熟悉的数学内容中,识别归纳推理、类比推理、演绎推理;知道通过归纳推理得到的结论是或然成立的,通过演绎推理得到的结论是必然成立的,能够通过熟悉的例子理解归纳推理和演绎推理的基本形式。了解归纳推理的

（续表）

基本维度	核心内涵	水平划分
逻辑推理	是数学严谨性的基本保证，是人们在数学活动中进行交流的基本思维品质。 3. 逻辑推理主要表现为：掌握推理基本形式和规则，发现问题和提出命题，探索和表述论证过程，理解命题体系，有逻辑地表达与交流。 4. 通过高中数学课程的学习，学生能掌握逻辑推理的基本形式，学会有逻辑地思考问题，把握事物之间的关联，把握事物发展的脉络，形成重论据、有条理、合乎逻辑的思维品质和理性精神，增强交流能力。	数学命题的条件与结论之间的逻辑关系；掌握一些基本命题与定理的证明，并有条理地表达证明过程；能够了解熟悉的概念，定理之间的逻辑关系；能够在交流过程中，明确所讨论问题的内涵，有条理地表达观点。 2. 能够在关联的情境中，发现并提出数学问题，用数学语言予以表达；与学过的能够理解归纳，类比发现和提出数学命题，探索论证的重要途径。能够通过对其条件与结论予以证明，并能用准确的数学语言表述论证过程；选择合适的论证思路，能够通过举反例说明某些数学结论不成立。能够理解相关概念、命题、定理之间的逻辑关系；初步建立网状的知识结构；能够理解有关在交流过程中，始终围绕主题，观点明确，论述有理有据。 3. 能够在综合的情境中，用数学的眼光找到合适的研究对象；提出有意义的数学问题；能够掌握常用逻辑推理方法的规则，理解其中所蕴含的思想。对于新的数学问题，能够提出不同的假设前提，推断出新结论；形成数学命题体系，能够用数学语言表达数学问题，并会用理化思想；能够探索论证的途径，解决问题的公理化思想，并会用严谨、准确的数学语言表达论证过程。能够理解建构数学体系的公理化思想；能够合理地运用数学语言和思维进行跨学科的表达与交流。
数学建模	1. 数学建模是对现实问题进行数学抽象，用数学语言表达问题，用数学方法构建模型解决问题的素养。数学建模过程主要包括：在实际情境中从数学的视角发现问题、提出问题，分析问题、建立模型，确定参数、计算求解，检验结果、改进模型，最终解决实际问题。 2. 数学模型搭建了数学与外部世界联系的桥梁，是数学应用的重要形式。数学建模是应用数学解决实际问题的基本手段，也是推动数学发展的动力。 3. 数学建模主要表现为：发现问题和提出问题，建立和求解模	1. 了解熟悉的数学模型中的实际背景及其数学描述；了解数学建模的过程包括：了解数学建模的实际含义，知道数学建模的过程，建立模型、求解模型、检验结果、完善模型。能够在熟悉的实际情境中，模仿学过的数学建模过程解决问题。对于学过的数学模型，能够举例说明建模的意义，感悟其蕴含的数学思想，体会其重要性。在交流的过程中，能够借助引用已有数学建模的结果说明问题。 2. 能够在熟悉的情境中，发现问题并转化为数学问题，知道数学问题的价值与作用；能够选择合适的数学模型表达所要解决的数学问题，理

（续表）

基本维度		核心内涵	水平划分
数学学科核心素养	数学建模	4. ……型，检验和完善模型，分析和解决问题。通过高中数学课程的学习，学生能有意识地用数学语言表达现实世界，发现和提出问题，感悟数学与现实之间的关联；学会用数学模型解决实际问题，积累数学实践的经验；认识数学模型在科学、社会、工程技术诸多领域的作用，提升实践能力，增强创新意识和科学精神。	解模型中参数的意义，知道如何确定参数，根据问题的实际意义检验结果，完善模型，求解模型，建立模型，解决问题。能够运用数学语言，经历数学建模过程，理解数学建模的意义，表述数学建模过程中的问题以及解决问题的过程和结果，形成研究报告，展示研究成果。 3. 能够在综合的情境中，运用数学思维进行分析，能够用模型解决问题，发现方法和结果，发现数学中的数学关系；提出数学问题。能够理解数学建模的一般过程，创造性地建立数学模型，解决问题。能够理解数学建模的意义，清晰、准确地表达数学语言，解决问题，能够通过数学建模解释和解释科学规律和社会现象。
	直观想象	1. 直观想象是借助几何直观和空间想象感知事物的形态与变化，利用空间形式特别是图形，理解和解决数学问题的素养。主要包括借助几何直观和空间想象感知事物的位置关系、形态变化与运动规律，利用图形描述、分析数学问题，构建数学问题的直观模型，探索解决问题的思路。 2. 直观想象是发现和提出问题、分析和解决问题的重要手段，是探索和形成论证思路、进行数学推理、构建抽象结构的思维基础。 3. 直观想象主要表现为：建立形与数的联系，利用几何图形描述问题，借助几何直观理解问题，运用空间想象认识事物。 4. 通过高中数学课程的学习，学生能提升数形结合的能力，发展几何直观和空间想象能力；增强运用几何直观、空间想象思考问题的意识；形成数学直观，在具体的情境中感悟事物的本质。	1. 能够在熟悉的情境中，抽象出实物的几何图形，建立简单图形与实物之间的联系，体会图形与数量之间的关系；能够在熟悉的数学情境中，借助图形的性质和变换（平移、对称、旋转）发现数学规律，能够描述简单图形的位置关系和度量关系及其特有性质；能够通过图形直观认识这些数学问题，启迪解决问题的思路，能够利用图形直观进行交流。 2. 能够在关联的情境中，想象并构建相应的几何图形，能够借助图形提出数学问题，发现图形与数量之间的关系、图形与图形之间的关系，探索图形的运动规律，能够根据研究图形性质探索数学问题；能够通过直观想象提出数学问题，解决实际问题或数学问题或解决问题的思路，能够形成数形结合的思想，体会几何与直观想象的作用和意义。在交流的过程中，能够利用直观想象提出数学问题。 3. 能够在综合的情境中，借助图形与图像，图形与数量之间的关系，理解数学各分支之间的联系；能够借助直观想象建立数学与其他学科的联系；能够利用图形与图像，图形与数量之间建立直观想象，并形成理论……

（续表）

基本维度	核心内涵	水平划分
直观想象		体系的直观模型。能够通过想象对复杂的数学问题进行直观表达，形成解决问题的思路。反映数学问题的本质。在交流的过程中，能够利用直观想象探讨问题的本质及其与数学的联系。
数学运算	1. 数学运算是指在明晰运算对象的基础上，依据运算法则解决数学问题的素养。主要包括：理解运算对象，掌握运算法则，探究运算方法，选择运算思路，设计运算程序，求得运算结果等。 2. 数学运算是解决数学问题的基本手段。数学运算是计算机解决问题的基础。 3. 数学运算主要表现为：理解运算对象，掌握运算法则，探究运算思路，求得运算结果。 4. 通过高中数学课程的学习，学生能进一步发展数学运算能力，有效借助运算方法解决实际问题，通过运算促进数学思维发展，形成规范化思考问题的品质，养成一丝不苟、严谨求实的科学精神。	1. 能够在熟悉的数学情境中了解运算对象，提出运算问题；能够了解运算法则及其适用范围，正确进行运算；能够在熟悉的数学情境中，根据运算法则的特征形成运算思路，解决问题；能够运用运算法则的意义和作用，体会运算验证简单的数学结论。在交流的过程中，能够用运算的结果说明问题。 2. 能够在关联的情境中确定运算对象，提出运算问题；能够针对运算问题，设计运算程序解决问题；能够理解运算程序，体会运算是一种演绎推理；能够选择运算方法，能够在综合运用运算方法解决问题的过程中，能够借助运算探讨问题。 3. 在综合的情境中，能够把问题转化为运算问题，确定运算对象和运算法则，明确运算方向；能够对运算问题，构造程序思想与计算机解决问题；能够用程序思想理解与表达问题，理解程序思想解决问题的联系。在交流的过程中，能够用程序思想理解解释问题。
数据分析	1. 数据分析是指针对研究对象求取数据，运用数学方法对整理进行整理，分析和推断，形成关于研究对象知识的素养。数据分析过程主要包括：收集数据，整理数据，提取信息，构建模型，进行推断，求得结论。 2. 数据分析是研究随机现象的重要数学技术，是大数据时代数学应用的主要方法，也是"互联网＋"相关领域的主要数学方法。数据分析已经深入到科学、技术、工程和现代社会生活的各个方面。 3. 数据分析主要表现为：收集和整理数据，理解和处理数据，获得和解释结论，概括和形成知识。	1. 能够在熟悉的情境中了解随机现象及简单的概率或统计问题；能够对熟悉的概率模型，选择合适的概率模型，解决问题；能够对熟悉的统计问题，选择适合的抽样方法收集数据，掌握描述、刻画、分析数据的基本统计方法，进行数据分析，解决问题；能够结合熟悉的实例，体会概率是对随机现象发生可能性大小的度量，可以通过概率计算得到，也可以通过随机事件发生的频率估计；能够用简单的方法对简单的随机现象进行统计；在交流的过程中，能够用统计图表和统计结果解释熟悉的随机现象。 2. 能够在关联的情境中，识别随机现象，知道随机现象与随机变量之间的关联，选择离散的随机现象或统计问题；能够针对具体问题，发现并提出概率或统计问题。

左侧纵向：数学学科核心素养

（续表）

基本维度	核心内涵	水平划分
数学学科核心素养 数学分析	4. 通过高中数学课程的学习，学生能提升获取有价值信息并进行定量分析表达现实问题的意识和能力；适应数字化学习的需要，增强基于数据分析的意识，形成数字化思维品质；积累依托数据探索事物本质、关联和规律的活动经验。	型随机变量或连续型随机变量刻画随机现象，理解抽样方法的统计意义，能够运用适当的概率模型或运用统计计算方法解决问题，感悟归纳推理的思想，用概率或统计模型表达随机现象，用概率或统计计算随机现象的规律。在交流的过程中，能够用数据呈现的规律解释随机现象。 3. 能够在综合的情境中，发现并提出随机问题；能够对不同的问题，构造相应的概率或统计模型，发现随机现象数据的本质；能够分析随机现象数据分析在大数据时代的重要性；能够理解数据分析对信息的加工，得到数据中蕴含着新的知识，可以通过对信息语言予以表达，并用概率或统计的语言进行表达。

英语学科核心素养的内涵及水平划分

基本维度	核心内涵	水平划分
英语学科核心素养 语言能力	1. 语言能力指在社会情境中，以听、说、读、看、写等方式理解和表达意义的能力，以及在学习和使用语言的过程中形成的语言意识和语感。 2. 英语语言能力是构成英语学科核心素养的基础要素。 3. 英语语言能力的提高蕴含着提高英语学科文化意识、思维品质和学习能力的提升，有助于学生拓展国际视野和思维方式，开展跨文化交流。	1. 意识到英语和英语学习与个人发展、国家发展和社会进步的关系；意识到语言与文化思维之间有联系；具有初步的英语语言感。在熟悉的语境中，较为熟练地使用已有的英语知识，理解多模态语篇的整体结构和文体，根据上下文推断意义，主要信息和意图，辨识语篇，传递信息，表达个人见解和情感。在熟悉的人际交往中，尝试构建恰当的交际角色和人际关系。 2. 认识英语和英语学习与个人发展、国家发展和社会进步之间的密切关系；具有一定的英语语言感，在理解和表达中发挥英语语言感的作用。在常见的语境中，较为熟练地整合运用已有的英语语言知识，理解多模态语篇传递的

（续表）

基本维度		核心内涵	水平划分
语言能力			3. ……要义和具体信息，推断作者的意图、情感、态度和价值取向，提炼主题意义，分析语篇的组织结构、文体特征和语篇的连贯性，厘清主要观点和事实之间的逻辑关系，了解语篇所采用的手段，有效地陈述事件、传递信息，表达个人观点，建构恰当的交际角色和人际关系。在常见的人际交往中，体现意图、态度和价值取向。 认识英语和英语学习与个人发展、国家发展和社会进步的密切关系；具有一定的英语语感；在理解和表达中发挥英语语感的作用，理解多模态语篇传递的意义，分析语篇的组织结构、文体特征和语篇的连贯性，厘清主要观点和事实之间的逻辑关系，了解语篇所采用的手段，有效地陈述事件、传递信息，表达个人观点，建构恰当的交际角色和人际关系。 认识语言与世界、语言与文化和思维之间的紧密联系；具有较好的语感，在常见的语境中，较为熟练地整合运用已有的英语语言知识，理解和表达恰当的意图、情感、态度和价值取向，提炼主题意义，分析语篇的组织结构、文体特征和语篇的连贯性，厘清主要观点和事实之间的逻辑关系，了解语篇所采用的手段，有效地陈述事件、传递信息，表达个人观点，建构恰当的交际角色和人际关系。在常见的人际交往中，体现意图、态度和价值取向。
文化意识		1. 文化意识指对中外文化的理解和对优秀文化的认同，是学生在全球化背景下表现出的跨文化认知、态度和行为取向。 2. 文化意识体现英语学科核心素养的价值取向。 3. 文化意识的培养有助于增强国家意识和家国情怀，坚定文化自信，树立正确的价值观，学会做人做事，成长为有文明素养和社会责任感的人。	1. 能够在明确的情境中根据直接提示找出文化信息；有兴趣和意愿了解有关现象和意图；初步解释比较具有文化多样性的活动和事物；感知中外文化的差异；通过中外优秀文化对比，加深对中国文化的理解，形成正确的价值观，坚定文化自信；了解中外优秀文化，能够用所学的英语简单介绍中外文化现象。 2. 能够选择适合的方法为中外文化知识为中外文化的异同在课堂等现实情境中提供可能的解释，并结合实际情况进行分析和比较；提高跨文化意识，在进行跨文化交流时，能够关注到彼此之间的文化差异，运用基本的跨文化交际策略，尊重和理解中外优秀文化；具有国际视野，树立正确的价值观，进一步坚定文化自信；感悟中外语言文化的精神内涵，理解和欣赏所学文化的意义，能够传播中国特色社会主义文化美和意蕴；有传播中国特色文化内容的英语描述，比较中外文化现象。

英语学科核心素养

（续表）

基本维度		核心内涵	水平划分
英语学科核心素养	文化意识		3. 能够运用多种方式方法在真实生活情境中汲取文化信息；基于对中外文化差异的理解与融通的理解与思考，探究产生的历史文化原因；具有跨文化意识，能够以尊重文化多样性的方式适应交际策略；领悟世界文化的多样性和丰富性，具有人类命运共同体的意识；分析、鉴别文化现象所反映的价值取向，自觉坚定文化自信；汲取优秀文化，具有正确的价值观，健康的审美情趣和道德情感，能够用所学的英语讲述中国故事、描述、简释中外文化现象。
	思维品质	1. 思维品质指思维在逻辑性、批判性、创新性等方面所表现的能力和水平。 2. 思维品质体现英语学科核心素养的心智特征。 3. 思维品质的发展有助于提升学生分析和解决问题的能力，使他们能够从跨文化视角观察和认识世界，对事物作出正确的价值判断。	1. 注意观察语言和文化的各种现象。通过比较、识别各种信息的异同；根据不同的环境条件，客观分析各种信息之间的关系和差异，发现产生差异的基本原因，从中推断出它们之间形成的简单逻辑关系；根据所获得的信息，提取共同特征，形成新的简单概念，并尝试用新概念，解释新的问题，尝试从另一个角度认识世界；针对所获取的信息，提出自己的看法，并通过简单的求证手段，判断信息的真实性，形成自己的看法，避免盲目接受或否定。 2. 主动观察语言和文化的各种现象。通过比较、识别各种信息之间的主次关系；根据不同的环境条件，客观分析它们之间形成的逻辑关系；发现产生差异的多种原因，归纳共同要素，建构新的概念，并通过演绎、解释所获得的问题；从另一个视角认识世界，针对所获取的各种观点，提出批判性的问题，辨析、判断观点和思想的价值，并形成自己的观点。 3. 正确观察语言和文化的各种现象。通过比较、识别各种复杂的信息中，识别关键问题，把握全局，根据不同的各种矛盾，梳理产生这些矛盾的原因，从中推断出它们之间形成的综合逻辑关系；根据所获得的综合信息，归纳、概括内在形成的规律，建构新的概念，并在实践中，用于处理新的问题，从多视角认识世界；针对各种观点和思想前提，提出合理的假设，提出解决问题的质疑，通过质疑，判断其价值，作出正确的评价，以此形成自己独立的思想。

（续表）

基本维度	核心内涵	水平划分
英语学科核心素养 学习能力	1. 学习能力指学生积极运用和主动调适英语学习策略、拓宽英语学习渠道，努力提升英语学习效率的意识和能力。 2. 学习能力构成英语学科核心素养的发展条件。 3. 学习能力的培养有助于学生做好英语学习的自我管理，养成良好的学习习惯，多渠道获取学习资源，自主、高效地开展学习。	1. 认识到英语的重要性，对英语学习感兴趣，有学习动力，有学习计划；掌握英语学习的常用方法和策略，有好奇英语的决心和克服困难的意志，虚心学习并向他人求教，了解多种学习资源和渠道，积极参与英语学习活动。 2. 正确认识英语学习的意义；对英语学习抱有较浓厚的兴趣和较强烈的愿望；有明确的学习目标，能制订并按需调整学习计划；有稳定的学习动机；面对学习困难能分析能力分析能力原因并尝试解决，调节自己的情绪情感，对英语学习有较强的自信心；能开展课外学习、运用英语进行交流和表达。能扩充学习内容和信息渠道，开展自主学习和合作学习；反思学习效果并据此优化学习策略和方法，运用英语进行交流和表达。 3. 全面和正确认识英语学习的重要意义；对英语学习抱有浓厚的兴趣并有长久远大的兴趣的学习动机；有强烈的学习愿望；有长远规划的学习动机，积极拓宽课外学习渠道、通过网络等多种信息渠道获取最新知识，并根据学习需要加以取舍，积极反思学习效果，勇于面对学习困难并加以解决，主动调整学习心态和情绪，积极争取和把握各种学习和表现机会，运用英语进行有效沟通和交流。

生物学学科核心素养的内涵及水平划分

基本维度		核心内涵	水平划分
生物学学科核心素养	生命观念	1. 生命观念是指对观察到的生命现象及相互关系或特性进行解释后所形成的抽象，是人们经过实证性的观点，是能够理解解释或解释生命现象相关事件和现象的意识、观念和思想方法。 2. 学生应该在较好地理解生物学概念的基础上形成生命观念，如结构与功能观、进化与适应观、稳态与平衡观、物质与能量观等；能够用生命观念认识生物的多样性、统一性、独特性和复杂性，形成科学的自然观和世界观，并以此指导、探究生命活动规律，解决实际问题。	1. 初步具有结构与功能相适应的观念以及生物进化观念，能从分子与细胞水平认识生物体的结构与功能是相适应的，生物的适应性是长期进化的结果；初步具有物质和能量观。 2. 具有结构与功能相适应的观念，并能运用这些观念分析和解释简单情境中的生命现象；具有物质和能量观，结合简单情境说明生命活动的维持包括物质代谢和能量代谢。 3. 具有结构与功能相适应的观念和生物进化观念，并能运用这些观念分析和解释较为复杂情境中的生命现象。综合物质观和能量观以及稳态与平衡观，在特定情境中说明生态系统中时刻存在着物质循环和能量流动。 4. 具有结构与功能相适应的观念和生物进化观念，并能基于这些观念识别身边的具体问题；具有稳态与平衡观，并能指导人的健康生活方式，指出某一生态系统的构成要素及影响其平衡的因素。
	科学思维	1. 科学思维是指尊重事实和证据，崇尚严谨和务实的求知态度，运用科学的思维方法认识事物，解决实际问题的思维习惯和能力。 2. 学生应该在学习过程中逐步发展科学思维，如能够基于生物学事实和证据运用归纳与概括、演绎与推理、模型与建模、批判性思维、创造性思维等方法，探讨、阐释生命现象及规律，审视或论证生物学社会议题。	1. 能够认识到生物学概念都是基于科学事实经过论证形成的，并能用这些概念解释简单的生命现象。 2. 能够以特定的生物学事实为基础形成简单的生物学概念，并用文字或图示的方式正确表达，进而理解其解释相应的生命现象。 3. 能够从不同的生命现象中，基于事实和规律证据，运用归纳的方法概括出生物学规律，对可能的结果或发展趋势作出预测；运用生物学概念和原理，图示或模型等方式进行表达并阐明其内涵。 4. 能够在新的问题情境中，基于事实和证据，采用适当的科学思维方式揭示生物学观或解释，并能够选择文字、图示等恰当的方式进行表达；在面对生活中与生物学相关的问题时，利用相关多个生物学概念或原理，通过逻辑推理阐明个人立场。

基本维度		核心内涵	水平划分
生物学学科核心素养	科学探究	1. 科学探究是指能够发现现实世界中的生物学现象，针对特定的生物学现象，进行观察、提问、实验设计、方案实施以及对结果进行交流与讨论的能力。 2. 学生应在探究过程中，逐步增强对自然现象的好奇心和求知欲，提高实践能力，掌握科学探究的基本思路和方法；在探究中，乐于并善于团队合作，勇于创新。	1. 能够使用简单的实验器具，基于给定的实验方案完成简单的实验，记录相关数据，能以书面的形式将实验结果记录下来。 2. 能够正确使用工具进行观察，选用恰当的方法并实施，在给出的多个方案中选取恰当的方案并分析实验结果，以口头或书面的形式与他人展开交流。 3. 能够熟练运用工具展开观察；针对特定情境提出可探究的生物学问题或运用工程学实验方案或运用工程或实践方案；需求；基于给定的条件，设计并实施探究实验；在小组学习中能主动合作，推进探究实验方案的实施，并运用科学术语报告实验结果。 4. 能够恰当选用工具熟练运用生命科学运用工程科学问题，可探究的生命展开观察或运用多种方法如达成可行的方案，针对日常生活的真实情境提出清晰的、有价值的工程学需求，并创造性地运用数字方法分析并进行实验如实记录，并运用科学方法分析析实验结果，能够在团队中起组织和引领作用，运用科学术语精确阐明实验结果，并展开交流。
	社会责任	1. 社会责任是指基于生物学的认识，参与个人与社会事务的讨论，作出理性解释和判断，解决生产生活问题的担当和能力。 2. 学生应能够以造福人类的态度和方法，关注社会议题，参与讨论并作出理性解释、辨别伪科学，尝试解决现实生活问题；结合本地资源开展科学实践，树立和践行"绿水青山就是金山银山"的理念，主动向他人宣传关爱生命的知识和观念，崇尚健康文明的生活方式，成为"健康中国"的促进者和实践者。	1. 知道社会热点中的生物学议题；认同健康文明的生活方式，珍爱生命，远离毒品；认同环境保护的必要性和重要性，认同地球是人类唯一的家园。 2. 关注并参与社会热点中的生物学议题的讨论；接受科学、健康文明的生活建议；珍爱生命，远离毒品，绿色学校、绿色社区等，养成环保意识与行为，参与绿色生产生活计划；珍爱生命、远离毒品等绿色生物学技术在生活中的应用。 3. 基于生物学的基本观点，辨别、辨析，主动运用生物学相关防控知识防控传染病的宣传和实践，积极参与绿色家庭，绿色学校、绿色社区等行动的宣传活动的宣传和实践，积极参与绿色家庭，积极参与问题的意识和想法。 4. 具有通过现代生物学技术在社会生活中的应用，基于生物学的基本观点，辨别并揭穿伪科学；制订切实健康生活计划；向他人宣传毒品的危害及传染病的防控措施，积极参与绿色家庭，绿色学校、绿色社区等行动，能通过科学实践解决现实生活中的生物学问题。

地理学科核心素养的内涵及水平划分

基本维度		核心内涵	水平划分
地理学科核心素养	人地协调观	1. 人地协调观指人们对人类与地理环境之间关系秉持的正确的价值观。人地关系是地理学最为核心的研究主题。 2. 面对不断出现的人口、资源、环境和发展问题，人们越来越深刻地认识到，必须尊重自然规律，人类社会会更好地发展，协调好人类活动与地理环境的关系。 3. "人地协调观"素养有助于人们更好地分析、认识和解决人地关系问题，成为和谐世界的建设者。	1. 能够通过简单的、常见的地理事象或情境，认识人类活动要在一定的自然地理环境中开展；能够简单辨识人们生产活动和生活习惯与地理环境之间的联系，说明人类对环境施加影响的方式及其带来的影响。 2. 能够结合给定的地理事象或情境，理解人类影响地理环境的主要方式，阐述人类活动对地理环境的积极与消极影响；认识人类活动遵循自然规律，与自然和谐相处，理解人地协调发展的重要性。 3. 能够通过给定复杂的地理事象或情境，认识地域情境，理解自然影响环境的方式和强度和重要性；理解自然条件的重要性。既有积极的作用，理解区域发展需要的潜力以及人地关系中存在的问题。 4. 能够通过对现实中人地关系对立统一的、评价分析一的，理解人地关系对立统一的。
	综合思维	1. 综合思维指人们运用综合的观点和方法认识地理环境的思维品质和能力。 2. 人类生存的地理环境是一个综合体，在不同空间组合下，自然和人文要素相互作用、综合决定着地理环境的形成和发展。 3. "综合思维"素养有助于人们从整体的角度，全面、系统、动态地分析和认识地理环境，以及它与人类活动的关系。	1. 能够说出生活中常见地理事象所包含的相关要素，并能从两个地理要素相互作用的角度进行分析。 2. 能够对给定的地理事象，从多个地理要素，相互制约的角度进行分析；能够结合给定时空，对其变化、发展进行分析，给出简要的地域解释。 3. 能够对给定复杂地理事象，综合各要素，系统和演化进行分析，给出合理的地域性解释。 4. 能够对现实中地理事象，如自然环境的变化、区域发展、资源环境与国家安全问题等，运用要素综合、时空综合、地方综合的分析思路，对其进行系统性、地域性的分析和解释。
	区域认知	1. 区域认知指人们运用空间—区域的观点和方法认识地理环境的思维品质和能力。 2. 人类生存的地理环境多种多样，将其划分成不同的地理区域，不同类型、不同功能的区域加以认识，是人们认识地理环境复杂性的基本方法。	1. 在日常生活情境中，能够将地理现象置于特定区域中加以认识；能够根据提示将地理现象置于特定区域情境和归纳区域特征。 2. 能够在给定的地理事象情境中，从区域视角认识地理现象、收集整理区域重要信息；能够简单解释区域开发利用方面决策的得失。 3. 能够在给定的复杂地理事象中，从空间—区域尺度、区域特征、区域联系等认识区域，能够为解决或质疑某一区域决策提出相关论据。

（续表）

基本维度	核心内涵	水平划分
区域认知	3. "区域认知"素养有助于人们从区域的角度,分析和认识地理环境,以及它与人类活动的关系。	3. 能够将认识同一区域的方法与工具,运用于从全球尺度到地方尺度,自然和人文地理事象的分析;能够较全面地评析某一区域决策的得失,提出较为可行的改进建议。 4. 能够将认识空间尺度,运用于从全球尺度到地方尺度,自然和人文地理事象的分析;能够较全面地评析某一区域决策的得失,提出较为可行的改进建议。
地理实践力	1. 地理实践力指人们在考察、调查和模拟实验等地理实践活动中所具备的意志品质和行动能力。 2. 户外考察、实验、社会调查等是地理学重要的研究方法,也是地理课程重要的学习方式。 3. "地理实践力"素养有助于提升人们的行动意识和行动能力,更好地在真实情境中观察、感悟、理解地理环境及其与人类活动的关系,增强社会责任感。	1. 在考察、调查、实验等实践活动中,能够借助他人的帮助使用地理信息技术和其他地理工具,进行简单信息,获取的意愿与求真、求实的科学态度。 2. 在考察、调查、实验等实践活动中,能够独立比较复杂的信息,进行简单实验设计与实施,并表现独立思考的能力及求真、求实的科学态度。 3. 在考察、调查、实验等实践活动中,能够独立且比较熟练地使用地理信息技术和其他地理工具,进行比较复杂的实验设计与实施,并表现出求真、求实的科学态度。 4. 在考察、调查、实验等实践活动中,能够独立组织工作,独立且熟练地处理复杂的信息,获取与处理复杂的信息,进行比较复杂的实验设计与实施,表现出求真、求实的科学态度。

化学学科核心素养的内涵及水平划分

基本维度	核心内涵	水平划分
宏观辨识与微观探析	1. 能从不同层次认识物质的多样性,并对物质进行分类。 2. 能从元素和原子、分子水平认识物质的组成、结构、性质和变化,形成"结构决定性质"的观念。 3. 能从宏观和微观相结合的视角分析和解决实际问题。	1. 能根据实验现象观察辨识物质及其反应,能运用化学符号描述常见简单物质及其变化,能从物质的组成和结构特征入手对物质及其反应进行分类和表征,能联系物质系统的组成。 2. 能根据实验观察归纳物质及其反应的类型,能运用微观结构说明同类物质的共性和不同类物质的性质差异,能从物质变化的微观特征,解释同类物质的不同物质性质变化的规律。 3. 能从原子、分子水平分析常见物质的组成及其变化,能分析物质组成及其变化及其原因,能运用化学符号和定量计算等手段说明物质化学变化和伴随发生的能量变化。

（续表）

基本维度	核心内涵	水平划分
宏观辨识与微观探析		4. 转化与物质微观结构之间的关系。能依据物质的微观结构，描述或预测物质的性质和在一定条件下可能发生的化学变化，能评估某种解释或预测的合理性；能从宏观与微观结合的视角对物质及其变化进行分类和表征。
变化观念与平衡思想	1. 能认识物质是运动和变化的，知道化学变化需要一定的条件，并遵循一定规律。 2. 认识化学变化的本质特征是有新物质生成，并伴有能量转化。 3. 认识化学变化有一定限度、速率，是可以调控的。 4. 能多角度、动态地分析化学变化，运用化学反应原理解决简单的实际问题。	1. 能认识到物质运动和变化和变化量是永恒的；能归纳物质及其变化的共性和特征；能认识化学变化伴随着能量变化；能根据观察获得的现象和数据概括出物质及其变化的本质特征。 2. 能从原子、分子水平分析化学变化的内因和变化的本质；能理解和分析化学反应中量变及其伴随发生的能量转化。 3. 形成化学变化是有条件的观念，认识反应条件对化学反应速率和化学平衡的影响，能运用化学反应原理分析影响化学变化的因素，初步学会运用变量控制的方法研究化学反应。 4. 能从不同视角认识化学变化的多样性；能运用对立统一思想和定量结合的方式揭示化学变化的本质特征；能对具体物质的性质和化学变化作出解释或预测；能运用化学变化的规律分析和说明生产生活实际中的化学变化。
证据推理与模型认知	1. 具有证据意识，能基于证据对物质组成、结构及其变化提出可能的假设，通过分析推理加以证实或证伪。 2. 建立观点、结论和证据之间的逻辑关系。 3. 知道可以通过分析、推理等方法认识研究对象的本质特征、构成要素及其相互关系，并能运用模型解释化学现象，揭示现象的本质和规律。	1. 能从物质及其变化的事实中提取取证据，对有关的化学问题提出假设，能依据证据证明或证伪假设；能识别化学中常见的物质模型和化学反应模型和合理的理论模型进行关联和合理匹配。 2. 能从宏观和微观结合上收集证据，描述和表示化学中常见证据的结论；能理解、能运用于理论模型解释或推测物质的组成、结构、性质与变化。 3. 能定性与定量结合收集证据，能通过定量计算和研究对象之间的异同，能对模型使用的条件和范围进行评价以改进模型；能说明模型的具体含义，并运用理论说明原型模型使用的条件和范围。 4. 能依据各类物质及其反应的不同特征寻找充分的证据，能解释证据与结论之间的关系。

（续表）

基本维度	核心内涵	水平划分
证据推理与模型认知		的关系；能对复杂的化学问题情境中的关键要素进行分析以建构相应的模型；能选择不同模型综合解释或解决复杂的化学问题；能指出所建模型的局限性，探寻模型优化需要的证据。
科学探究与创新意识	1. 认识科学探究是进行科学解释和发现、创造与应用的科学实践活动。 2. 能发现和提出有探究价值的问题。 3. 能从问题和假设出发，依据探究目的，设计探究方案，运用化学实验、调查等方法进行实验探究。 4. 勤于实践，善于合作，敢于质疑，勇于创新。	1. 能根据教材中给出的问题设计简单的实验方案；完成实验操作、观察现象及其变化的现象，客观地进行记录，对实验现象作出解释，依据假设设计实验方案，发现和提出需要进一步研究的问题。 2. 能对简单化学问题的解决提出可能的假设；能运用多种方式收集实验证据，组装实验仪器，与同学合作完成实验操作；能运用多种方式收集实验证据，出结论，提出自己的看法。 3. 具有较强的问题意识，能在与同学讨论基础上提出探究课题，依据假设设计实验方案，收集实验证据，独立完成实验，提出实验方案，收集和处理实验数据得出探究结果。交流自己的探究成果。 4. 能根据文献和实际需要提出综合性的探究课题，根据假设提出多种探究方案，评价并优化方案，符号等处理实验信息，能对实验中的"异常"现象和已有结论进行反思，提出质疑和新的实验设想，并进一步付诸实施。
科学态度与社会责任	1. 具有安全意识和严谨求实的科学态度，具有探索未知、崇尚真理的意识。 2. 深刻认识化学对创造更多物质财富和精神财富、满足人民日益增长的美好生活需要的重大贡献。 3. 具有节约资源、保护环境的可持续发展意识，从自身做起，形成简约适度、绿色低碳的生活方式。 4. 能对与化学有关的社会热点问题作出正确的价值判断，能参与有关化学问题的社会实践活动。	1. 具有安全意识，逐步养成严谨求实的科学态度、不迷信，能自觉抵制伪科学；能列举事实说明化学对人类文明的伟大贡献，主动关心与环境保护、资源开发等有关的社会热点问题，形成合理利用自然资源的观念。 2. 崇尚科学真理，不迷信书本和权威；具有"绿色化学"观念，能运用化学过程对人类健康、社会可持续发展可能带来的双重影响，并对这些现象作出评价。 3. 具有理论联系实际的观念，有将化学成果应用于生产生活的意识，能依据实际条件并运用所学的化学知识和方法解决生产中简单的化学问题；在实践中逐步形成节约成本、循环利用、保护环境等观念。 4. 尊重科学伦理道德，能依据"绿色化学"思想和科学伦理对某一化学过程进行分析、权衡、权衡利弊，作出合理的决策；能针对某些化学工艺设计存在的各种问题，提出处理或解决问题的具体方案。

物理学科核心素养的内涵及水平划分

基本维度		核心内涵	水平划分
物理学科核心素养	物理观念	1. 物理观念是指从物理学视角形成的关于物质、运动与相互作用、能量等的基本认识，是物理概念和规律等在头脑中的提炼与升华，是从物理学视角解释自然现象和解决实际问题的基础。 2. 具体包括物质观念、运动与相互作用观念、能量观念等要素。	1. 能从物理学的视角观察自然现象，具有将物理学与实际相联系的意识。 2. 形成初步的物理观念，能从物理学的视角解释一些自然现象，能应用物理知识解决一些实际问题。 3. 具有清晰的物理观念，能从物理学的视角描述和解释自然现象，能应用物理知识解决实际问题。 4. 具有清晰的物理观念，能从物理学的视角正确描述和解释自然现象，能正确应用物理知识解决实际问题，能指导工作和生活实践。 5. 具有清晰、系统的物理观念，能从物理学的视角正确描述和解释自然现象，能有效指导工作和生活实践。
	科学思维	1. 科学思维是指从物理学视角对客观事物的本质属性、内在规律及相互关系的认识方式；是基于经验事实建构物理模型的抽象概括过程；是分析综合、推理论证等方法在科学领域的具体运用；是基于事实证据和科学推理对不同观点和结论提出质疑和批判，进行检验和修正，进而提出创造性见解的能力与品格。 2. 具体包括模型建构、科学推理、科学论证、质疑创新等要素。	1. 能说出一些简单的物理模型，能对常见的物理现象进行简单分析，能区别观点和证据，知道质疑和创新的重要性。 2. 能在熟悉的问题情境中应用常见的物理模型，能对比较简单的物理现象进行分析和推理，获得结论；能使用简单和直接的证据表达自己的观点，具有质疑和创新的意识。 3. 能在熟悉的问题情境中根据需要选用恰当的模型解决简单的物理问题；能对常见的物理现象进行分析和推理，获得结论并作出解释，得出较为合理的结论；能恰当使用证据表述自己的观点，能对已有观点提出质疑，从不同角度思考物理问题。 4. 能将实际问题中的对象和过程转换成物理模型，能对综合性物理问题进行分析和推理，获得结论并作出解释；能正确使用证据证明物理结论；能恰当分析解决物理问题。 5. 能将较复杂的实际问题中的对象和过程进行分析和推理，获得正确结论，并作出解释，采用不同方式充分分析解决物理问题；能从多个视角审视结论的可靠性，合理使用证据，解决物理问题具有一定的新颖性。
	科学探究	1. 科学探究是指基于观察和实验提出物理问题、形成猜想和假设、设计实验与制订方案、获取和处理信息、基于证据得出结论并作出解释，以及对科学探究过程和结论进行交流、评估、反思的能力。	1. 具有问题意识，能在他人指导下使用简单的器材收集数据，能对数据进行初步整理，具有与他人交流成果、讨论结果的意识。 2. 能观察物理现象，提出物理问题；能根据已有的科学探究方案，使用基本的器材获得数据；能对数据进行整理，得到初步的结论；能撰写简单的报告，陈述本次科学探究的过程和结果。 3. 能分析物理现象，提出可探究的物理问题，做出初步的物理问题；能在他人帮助下制订

基本维度	核心内涵	水平划分
科学探究	结果进行交流、评估、反思的能力。 2. 具体包括问题、证据、解释、交流等要素。	科学探究方案，使用基本的器材获得数据；能分析数据，用已有的物理知识进行解释；能撰写实验报告，用学过的物理术语，对科学探究过程和结果进行交流、反思。 4. 能分析相关科学探究或事实结论，选用合适的器材进行探究，提出并准确表达可探究的物理问题，作出有依据的假设；能制订讨科学探究方案，用已有的物理知识进行解释；合理的结论，用已有的物理知识进行交流和反思。 5. 能面对真实情境，从不同角度提出并准确表达可探究的物理问题；能制订订有一定新意的科学探究方案，灵活选用合适的器材获得数据，发现规律，形成合理的结论，用已有科学探究进行结果；整规范的科学探究报告，交流、反思科学探究过程与结果。
物理学科核心素养 科学态度与责任	1. 科学态度与责任是指在认识科学本质，认识科学·技术·社会·环境关系的基础上，逐渐形成的探索自然的内在动力，严谨认真、实事求是和持之以恒的科学态度，以及遵守道德规范、保护环境、促进可持续发展的责任感。 2. 具体包括科学本质、科学态度、社会责任等要素。	1. 认识到物理学是对自然现象的描述与解释；对自然界有好奇心，知道学习物理需要实事求是，有与他人合作的意愿；知道科学·技术·社会·环境存在相互联系。 2. 认识到物理学是基于人类有意识的对自然现象的探究而形成的对自然现象的描述与解释，并需要受实践的检验；有学习物理的兴趣，具有实事求是，认识到人类尊重自然；在合作中能尊重他人，认识到保护环境和促进可持续发展方面的责任。 3. 认识到物理研究是建立在观察和实验基础上的一项创造性工作；认识到科学的学习与应用的兴趣，具有实事求是，认识到人类尊重自然和研究的创造性的工作；应考虑道德与规范的工作；了解科学·技术·社会·环境关系。 4. 认识到物理研究是一种对自然现象的创造性的认识与评价物理研究与应用的内在动力，坚持实事求是，在合作中既能坚持观点又能依据普遍接受的道德与规范认识和评价物理研究与应用，具有保护环境、节约资源、促进可持续发展的责任感。 5. 认识到物理学是人类认识自然的方式之一，是不断发展的，具有相对性和普适性，但同时也存在局限性；有较强的物理学习和研究的内在动力，能自觉抵制违反实事求是的行为，在合作中既能主动参与又能发挥团队作用，在进行物理研究和应用物理成果时，能自觉遵守普遍接受的道德规范，养成保护环境、节约资源、促进可持续发展的良好习惯。

信息技术学科核心素养的内涵及水平划分

基本维度	核心内涵	水平划分
信息技术学科核心素养　信息意识	1. 信息意识是指个体对信息的敏感度和对信息价值的判断力。 2. 具备信息意识的学生能够根据解决问题的方式恰当地寻求与处理信息；自觉、主动地获取信息的需要，采用有效的方式获取所承载的信息。 3. 能够敏锐感觉到信息的变化，分析数据对信息来源的变化，采用有效的策略对信息产生的影响进行合理判断，对信息的目的性、内容的准确性、对信息可能产生的影响进行合理判断，对信息可靠性做出预期分析，为解决问题提供参考。 4. 在合作解决问题的过程中，愿意与团队成员共享信息、实现信息的更大价值。 5. 具体包括：对信息的敏感度、对信息价值的判断力。	1. 在日常生活中，按照一定需求主动获取信息；能够区分载体和信息；针对简单的信息问题，能根据来源的可靠性、内容的真伪性和表达的目的，对信息进行判断。 2. 针对特定的信息问题，自觉、主动地比较不同的信息来源，能描述数据不同受众的特征，能根据数据不同受众的特征，选择合适的信息获取策略；能甄别特定任务需求，甄别不同信息获取方法的优劣，并能利用适当途径进行有效的交流；依据特定任务需求，甄别不同信息获取方法的优劣，并能利用适当途径进行信息甄别。 3. 在日常生活中，根据实际解决问题的需要，恰当选择数字化资源，有意识地使用新技术处理信息；主动关注信息技术发展中的新动向和新趋势，指向一定目的地对信息价值的重要性、真伪性和可靠性进行信息价值的判断；具备选用信息技术工具以提高信息管理与分析信息状况并给予适当提示。 4. 针对较为复杂的信息问题，能综合分析获取的信息，能认识到信息选择的关键要素，发现内在关联，挖掘核心价值；针对较为复杂的信息问题进行需求分析、综合判断信息，确定解决问题的路径；具备服务信息社会，为信息社会贡献的积极的意识。
计算思维	1. 计算思维是指个体运用计算机科学领域的思想方法，在形成问题解决方案的过程中产生的一系列思维活动。 2. 具备计算思维的学生，在信息活动中能够采用计算机可以处理的方式界定问题、抽象特征、建立结构模型、合理组织数据。 3. 通过判断、分析与综合各种信息资源，运用合理的算法形成解决问题的方案。 4. 总结利用计算机解决问题的过程与方法，并迁移到与之相关的其他问题解决中。 5. 具体包括：解决问题过程中的形式化、模型化、自动化、系统化等。	1. 在日常生活中，认识到数字化信息表示信息的优势；针对给定信息的简单任务，能够识别主要特征，并用流程图画出表示任务的关键过程；了解对加工处理信息的价值、过程和工具，并能够根据需求选择适当的工具。 2. 针对给定的任务进行需求分析，明确需要解决的问题的关键和解决问题的基本算法，选择恰当的数字化工具或其他工具实现这一方案；按照问题解决的算法，选用适当的数字化工具或使用编程语言或其他工具表述解决问题的过程。 3. 针对较为复杂的问题的任务，能够正确数据，组织、分析数据，并能正确运用形式化方法描述问题，并采用模块化和系统化方法设计问题解决方案。能够区分问题解决中涉及的各种数据，利用适当的数字化工具实现各种模块功能，实现整体解决方案。 4. 对基于信息技术的问题解决方案，能够依据科学化解决方法进行较全面的评估，针对不同模块，设计或选择合适的算法，利用恰当的开发平台整合其他信息系统优化或优化解决方案；能把利用信息技术解决相关问题的普遍原则进行迁移，并采用合适的方法选择优化解决方案；能够依据科学化原则进行较全面的迁移到学习和生活的其他相关问题解决过程中。

（续表）

基本维度		核心内涵	水平划分
信息技术学科核心素养	数字化学习与创新	1. 数字化学习与创新是指个体通过评估并选用常见的数字化资源与工具，有效地解决问题，创造性地解决问题，从而完成学习任务、形成创新作品的能力。 2. 具备数字化学习与创新能力的学生，能够认识数字化学习环境的优势和局限性，适应数字化学习环境，养成数字化学习与创新的习惯。 3. 掌握数字化学习系统、学习资源与学习工具的操作技能，用于开展自主学习、协同工作、知识分享与创新创造，助力终身学习能力的提高。 4. 具体表现为：数字化学习环境的创设、数字化学习资源的采集分享与管理、数字化学习资源的应用与创新。	1. 在利用信息技术支持学习的过程中，认识到网络和相关资源的教育优势；依据学习任务进行学习资源的需求分析，利用网络获取特定的数字化资源；能利用简单的数字化工具，完成作品的设计与创作。 2. 在学习过程中，能够评估常用的数字学习工具与资源，根据需要合理选择；针对特定的学习任务，运用一定的数字学习与策略管理学习过程与学习资源；在网络学习空间中开展协作学习，建构知识。 3. 在技术丰富的学习环境中，能有效评估多样化的数字化资源与工具对特定学习任务的价值；针对较复杂的学习任务，使用网络工具快速搜索、获取和甄别不同学科的数字化资源，创造性地解决问题，形成个性化的作品，提高学习质量。 4. 根据学习任务的复杂程度和个体学习需求的特点，合理运用数字化学习的个性化支持开展学科学习，实现或独立和虚拟和现实混合环境中的学习，感受信息技术对强化学习资源与工具，提升个体认知能力，促进知识创新和新学习自觉性的特殊价值。
	信息社会责任	1. 信息社会责任是指信息社会中的个体在文化修养、道德规范和行为自律等方面应尽的责任。 2. 具备信息责任的学生，具有一定的信息安全意识与能力，能够遵守信息法律法规，信守信息社会的道德与伦理准则，在现实空间和虚拟空间中遵守公共规范，既能有效维护个人的合法权益，又能积极维护他人合法权益和公共信息安全。 3. 关注信息技术革命所带来的环境与人文问题。 4. 对于信息技术创新所产生的新观念和新事物，具有积极学习的态度、理性判断和负责行动的能力。 5. 具体表现为：具有一定的信息安全意识与能力，能遵守信息法律法规，信息道德与伦理。	1. 认识信息技术发展对社会进步和人们生活带来的影响；在信息技术应用过程中，认识到信息技术可能引发的一些潜在问题；在信息活动过程中，能采用简单的策略和方法保护个人信息，安全使用信息设备，遵守基本的信息法律法规，按照社会公认的信息伦理道德规范开展信息活动。 2. 在信息活动中，具有信息安全意识，尊重和保护个人及他人的隐私，采用简单的技术手段，保护个人数据；认识人类信息活动需要遵守信息法律法规，正确认识现实道德规范，信息伦理道德规范社会身份之间的关系，合理使用虚拟身份开展信息活动；在信息交流或合作中，尊重不同的信息文化，积极、主动地融入到信息社会中。 3. 在信息技术应用过程中，能运用一定的技术策略保障信息安全；在信息活动中，认识到信息技术具有两面性，在带来积极作用的同时，也会带来一些负面影响；自觉抵制违反信息法律法规和道德准则的行为，针对不良信息行为，知道运用法律方式解决问题。 4. 能从发展的角度理解信息法律法规，信息伦理道德规范的合理性；在信息活动中，掌握保护个人权益和自觉维护健康信息环境的手段和方法。

通用技术学科核心素养的内涵及水平划分

基本维度	核心内涵	水平划分
通用技术学科核心素养 — 技术意识	1. 学生能形成对人工世界和人技关系的基本观念，具有技术的规范、标准等与专利意识。 2. 能就某一技术领域一定的理性分析影响作出分析，形成技术文明，生态文明与环保意识，技术伦理与道德意识。 3. 能把握技术的基本性质，理解技术与人类文明的有机联系，形成对技术文化的理解与主动适应。	1. 能结合个人成长经历和简单的技术体验活动，了解与感知技术与人、自然、社会的关系，形成对人工世界初步的认识和初步的环境意识；实践性、综合性、两面性，专利性等特性；能结合生活中的技术情境，分析并初步进行技术选择的原因；能通过案例分析，了解技术专利申请的过程，理解知识产权在技术领域中的重要性；能结合具体案例，理解技术的文化特性和美学特征。 2. 能在技术活动的过程中，恰当处理人技关系，形成规范、安全的技术习惯；能结合具体案例的辨析，形成对技术的理性态度和评价；能调查并分析某一具体技术选择、使用的原因，决策过程中的伦理问题；能通过案例分析，理解技术对历史、社会及环境的影响。 3. 能结合某一具体技术领域，调查并分析技术的价值观如何促进或阻得技术的发展，理解技术活动需要综合运用多种知识；能够自主搜集、分析相关数据、评价一项技术的积极或消极影响，并判断其发展趋势；能结合具体技术发展案例，分析其中某一具体技术选择的技术、经济、环境等可能产生的影响；面对熟悉复杂的技术情境，能够较为合理地进行风险评估。 4. 能综合各种数据与信息，就某一技术领域对个人、社会、环境的影响作出判断，形成初步的讨论与决策；能在适当的时机参与社会有关技术发展与应用作出判断；能在技术实践活动中，整合应用人文、科学、社会等多方面知识。 5. 能综合多个技术领域，调查并分析技术对个人、社会、环境的价值观、伦理规范是如何影响技术决策；学会从多元文化角度评价技术产品，具有一定的对技术的评价和选择能力，树立牢固的社会主义生态文明观。
工程思维	1. 学生能认识系统与工程的多样性和复杂性。 2. 能运用系统分析的方法，针对某一具体技术领域问题进行要素分析，整体规划并运用模拟和简易建模等方法进行设计。	1. 能通过经历技术设计的一般过程，初步进行设计方案的多因素分析，了解比较、权衡、优化等系统分析的方法；通过常见典型的技术系统案例分析，感知系统和工程现象，理解系统的基本特性，考察并解释输入、过程、输出及各种因素是如何影响系统的，形成初步的工程意识与思维。 2. 能结合系统设计与案例的分析，总结归纳出系统设计的方法，并能运用系统、结构、流…

（续表）

基本维度	核心内涵	水平划分
工程思维	3. 能领悟结构、流程、系统、控制等基本思想和方法并加以运用。 4. 能进行简单的风险评估和综合决策。	程、控制等原理和系统分析方法,进行简单的技术设计活动,尝试解决技术问题;能确定一个生活或生产中的简单对象,分析影响系统的因素,尝试通过改变输入、过程、输出、反馈等干扰对系统进行优化设计。 3. 能就某一具体技术领域中明确的技术问题,运用系统分析的方法,识别技术问题的特性和细节,明确制约条件和各种影响因素,提出可能的解决方案;在进行简单的技术方案设计时,尝试运用模拟试验或数学模型来考虑各种影响因素,并进行决策分析和性能评估。 4. 能就某一技术领域中较为复杂的问题情境,运用系统分析的方法将任务具体化,形成可能的解决方案,并能不断优化改进;能初步运用简单的模拟试验或数学模型评价设计方案,发展工程思维。 5. 能整合运用科学、技术、数学、工程等方面的知识,综合多个技术领域进行系统分析和方案设计;运用模拟试验或数学模型评价设计方案,通过趋势分析等模型对其进行优化和改进。
通用技术学科核心素养　创新设计	1. 学生能在发现与明确问题的基础上,收集相关信息,并运用人机关系及相关理论进行综合分析,提出符合设计原则且具有一定创造性的构想方案。 2. 能进行技术性和指标的技术试验、技术探究等实践操作,准确地观测、记录与分析。 3. 能综合各种社会文化因素评价设计方案并加以优化。	1. 能通过调查等方式,了解用户特定需求和需要解决的主要技术问题,能借鉴技术设计案例和技术规范尝试制订解决技术问题的单一方案与方法;具有参与技术创新设计的愉悦情感。 2. 面对熟悉的技术情境,能运用技术语言分析用户特定需求,明确需要解决的技术问题;能根据现有和现成条件制订解决技术问题的一个或多个方案;能针对某个技术问题解决实例,撰写试验报告,初步掌握和亲近技术的情感。 3. 面对较为复杂的技术情境,能运用技术理论,发现用户的多方面需求及关联性,多角度分析问题,确认所要解决的技术问题;通过多种渠道搜集与所设计产品有关的各种信息,并进行处理,能制订符合一般设计原则和规范的多个方案;能尝试通过技术试验等方式体验技术创新设计的一般方法,形成初步的技术创新设计能力;感受技术设计的文化现象。 4. 能运用用户模型分析方法,提炼用户的独特需求,确认所要解决的特定技术问题;能依据设计需求制订符合一般设计原则和规范的多个方案,并进行初步的比较与…

（续表）

基本维度	核心内涵	水平划分
创新设计		5. 权衡；能通过技术试验与技术探究等方法掌握技术创新设计的一般方法，形成一定的创新设计能力；领悟技术创新设计相关文化的丰富内涵。能综合运用多种方法，挖掘用户问题的潜在需求，多视角认识所要解决的技术问题，形成对用户需求和技术问题的敏感性；能运用数学与工程方法进行比较和权衡，在多个方案中选定满足设计要求的最佳方案或改进原有方案，进行技术探究；结合各种社会文化因素，形成较高的创新设计能力。熟练运用技术设计与创新设计的一般方法，形成
通用技术学科核心素养 图样表达	1. 学生能识读简单的机械加工图及控制框图等常见技术图样。 2. 能分析技术对象的图样特征，会用手工和二维、三维设计软件绘制简单的技术图样。 3. 能通过图样表达设计构想，用技术语言实现有形与无形、抽象与具体的思维转换。	1. 能结合日常生活情境，体会技术语言的重要性，分析归纳技术语言的种类及其应用；能通过具体实物图展示、识读常见的技术图样，如草图、三视图、简单的机械加工图；能用简单的草图表达与交流设计构想。 2. 能在较为简单的技术设计实践中，绘制规范的设计图纸，形成良好的设计习惯；能识读常见的技术图样，如流程图、控制系统方框图，并能用二维、三维设计软件表现出来。 3. 能识读机械、电子等技术领域常见的技术图样，如一般的机械加工图和简单的电子电路图等；能用较详细的草图表达设计文件，并使用设计文件、日志等记录设计的创意、过程与结果。 4. 在熟悉而复杂的问题情境中，能用较为复杂的技术图样，准确表达设计构想；能结合不同技术领域，在较为熟练运用常见三维、二维设计软件的基础上，准确表达为复杂的草图，并不断进行优化和改进。 5. 面对难度较高的设计方案与交流设计构想，面对复杂情境时，能主动选择三维、二维综合运用图样运用图样表达其他技术语言表达设计构想，具备用技术语言进行思维转换的能力。
物化能力	1. 学生能知道常见材料的属性和常用工具、基本设备的使用方法，了解一些常见工艺方法，并形成一定的操作经验积累和感悟。 2. 能根据方案设计要求，进行材料选择、测试与规划，工具选择与使用、工艺设计与	1. 能根据设计要求选择合适的材料与工具，了解常用材料的属性及加工方法；在材料及其加工过程中，具有基本的安全、环保和质量意识。 2. 能根据设计要求实施简单的技术试验，对材料进行定性能测试，能从环境、经济、社会、质量、美学等方面考察材料料表；在实施设计方案的过程中，掌握基本的工具使用方法。

（续表）

基本维度	核心内涵	水平划分
通用技术学科核心素养 物化能力	产品制作等。 3. 能独立完成模型或产品的成型制作、装配及测试,具有较强的动手实践与创造能力。 4. 能体验工匠精神对技术制造质量的独特作用,形成物化过程中严谨细致、精益求精、追求卓越的工作态度。	3. 能结合某一技术领域,掌握一些特殊材料的属性及加工方法;能严谨遵循一定的时序和工序,确定方案实现的技术指标;根据方案设计要求选择材料和工具,并对装配、制作和装配进行基本的技术指标测量。 4. 能分析设计方案,并根据方案设计要求选择合适的材料,具有初步的工具思维和工匠精神,完成模型或产品的成型制作或对产品进行基本的技术测试和技术指标测量;撰写简单的技术试验的报告。 5. 能根据方案设计要求综合选择材料和工具,具有一定的材料规划意识和工具思维;能对模型或产品进行技术测试,撰写技术测试和方案优化的报告,并能从效率、形式、流程等方面进行方案的评价与优化,形成精益求精、追求卓越的良好品格。

历史学科核心素养的内涵及水平划分

基本维度	核心内涵	水平划分
历史学科核心素养 唯物史观	1. 唯物史观是揭示人类社会历史客观基础及发展规律的科学的历史观和方法论。 2. 人类对历史的认识是由表及里、逐渐深化的,要透过历史的纷杂表象认识历史的本质,科学的历史观和方法论是非常重要的。 3. 唯物史观使历史学成为一门科学,只有运用唯物史观的立场、观点和方法,才能对历史有全面、客观的认识。	1. 能够了解和掌握唯物史观的基本观点和方法,理解唯物史观是科学的历史观。 2. 能够将唯物史观运用于历史学习、探究中,并将其作为认识和解决现实问题的指导思想。
时空观念	1. 时空观念是在特定的时间联系和空间联系中对事物进行观察、分析的意识和思维方式。 2. 任何历史事物都是在特定的、具体的时间和空间条件下发生的,只有在特定的时空框架当中,才能对史事有准确的理解。	1. 能够辨识历史叙述中不同的时间与空间表达方式,能够理解它们的意义,在叙述个别史事时能够运用恰当的时间和空间表达方式。 2. 能够将某一史事定位在特定的时间和空间框架下;能够认识事物发生的来龙去脉,理解空间和环境因素对较长时段的史事、较大范围空间联系以及与之相关的史事的重要性。 3. 能够把握相关史事的时间、空间联系,并用特定的时间和空间术语对较长时段的史

（续表）

基本维度		核心内涵	水平划分
历史学科核心素养	时空观念	事加以概括和说明。	4. 在对历史和现实问题进行独立探究的过程中，能将其置于具体的时空框架下；能够选择恰当的时空尺度对其进行分析、综合、比较，在此基础上作出合理的论述。
	史料实证	1. 史料实证是指对获取的史料进行辨析，并运用可信的史料努力重现历史真实的态度与方法。 2. 历史过程是不可逆的，认识历史只能通过现存的史料。要形成对历史的正确、客观的认识，必须重视史料的搜集、整理和辨析，去伪存真。	1. 能够区分史料的不同类型；在解答某一历史问题时，能够从所获得的材料中提取有关信息。 2. 能够认识不同类型的史料所具有的不同价值；明了史料在历史叙述中的基础作用；在对史事与现实问题进行论述的过程中，能够尝试运用史料作为证据论证自己的观点。 3. 在探究特定历史问题时，能够对史料进行整理和辨析；能够利用不同类型史料，对所探究的问题进行互证，形成对该问题更为全面、丰富的解释。 4. 能够比较分析不同来源、不同观点的史料，能够在辨别史料作者意图的基础上利用史料；在对历史和现实问题进行独立探究的过程中，能够恰当地运用史料对所探究问题进行论述。
	历史解释	1. 历史解释是指以史料为依据，对历史事物进行理性分析和客观评判的态度、能力与方法。 2. 所有历史叙述在本质上都是对历史的解释，即便历史是对基本事实的陈述也包含了陈述者的主观认识。人们通过多种不同的方式描述过去、解释过去。通过对史料的搜集、整理和解释、辨证，客观地理解历史事物，不仅要将其描述出来、还要揭示其表象背后的深层因果关系。通过对历史的解释，不断接近历史真实。	1. 能够辨别教科书和教学中的历史解释，能够对所学内容中的历史解释加以分析。 2. 能够选择、组织和运用相关材料并使用历史术语，对个别或系列史事提出自己的解释；能够将历史叙述与历史解释结合起来，能够尝试从历史的角度解释现实问题。 3. 能够分辨不同的历史解释；尝试从来源、性质和目的等多方面，说明导致这些不同解释的原因并加以评析。 4. 在独立探究历史问题时，能够在尽可能占有史料的基础上，尝试验证以往史料的说法或提出新的解释。

（续表）

基本维度	核心内涵	水平划分
历史学科核心素养 家国情怀	1. 家国情怀是学习和探究历史应具有的人文追求,体现了对国家富强、人民幸福的情感,以及对国家的高度认同感、归属感、责任感和使命感。 2. 学习和探究历史应具有价值关怀,要充满人文情怀并关注现实问题,以服务于国家强盛、民族自强和人类社会的进步为使命。	1. 能够具有对家乡、民族、国家的认同感,理解并认同社会主义核心价值观和中华优秀传统文化。 2. 具有对祖国和人民的深情大爱,能够理解和尊重世界各国优秀文化传统。

思想政治学科核心素养的内涵及水平划分

基本维度	核心内涵	水平划分
思想政治学科核心素养 政治认同	1. 我国公民的政治认同,就是拥护中国共产党的领导,坚持和发展中国特色社会主义,坚持中华人民共和国、中华民族、中华文化,弘扬和践行社会主义核心价值观。 2. 中国特色社会主义是改革开放以来中国共产党的全部理论和实践的主题,是党和人民历经千辛万苦、付出巨大代价取得的根本成就。 3. 社会主义核心价值观是当代中国精神的集中体现,凝结着全体人民共同的价值追求。认同中国特色社会主义和社会主义核心价值观,才能形成全国各族人民团结奋斗的共同思想基础,坚持中国道路,弘扬中国精神,凝聚中国力量,为实现中华民族伟大复兴的中国梦而奋斗。 4. 青少年的政治认同是他们创造幸福生活	1. 能够面对简单情境问题,引证走中国特色社会主义道路的成功事例;表述马克思列宁主义、毛泽东思想、邓小平理论、"三个代表"重要思想、科学发展观,习近平新时代中国特色社会主义思想是中国共产党的行动指南;叙述宪法对我国根本制度的规定;认同中国共产党是中国特色社会主义事业的领导核心;解释国家层面的价值目标。 2. 能够面对一般情境问题,用中国近现代史和中国近现代史的最新成果,分析具体事例只有社会主义才能救中国;明确马克思主义中国化史证实只有社会主义制度的特点和优点,运用具体事例阐明中国共产党依宪执政、依法执政的方式;结合备斗历程,解释中国特色社会主义道路、理论、制度、文化的价值表达。 3. 能够面对复杂情境问题,结合中国发展道路,论证只有中国特色社会主义才能发展中国;结合改革开放的实践,阐述马克思主义中国化最新成果的时代特征;对照西方多主党国家,说明中国为什么绝不能照搬其他国家政治制度模式;着眼于中国共产党的先进性和纯洁性,阐述全面从严治党的意义;论述社会主义文化体现文化自信的意义。 4. 能够面对具有挑战性的复杂情境问题,回应各种封闭置换或改易惑的主张,阐述马克思主义才能走中国特色社会主义道路的坚定信念;辨析各种错误思潮的影响,阐述马克思主义。

（续表）

基本维度	核心内涵	水平划分
政治认同	……的精神支柱、价值追求和道德准则;发展政治认同素养,才能牢固确立中国特色社会主义理想信念,成为社会主义合格建设者和可靠接班人。	中国化最新成果;跟进全面深化改革的进程,坚持中国特色社会主义制度不动摇;立足新时代、新征程,阐述中国共产党是最高政治领导力量,洞察不同价值观的影响,揭示其根源,阐明社会主义核心价值观是当代中国精神的集中体现,凝结着全体人民共同的价值追求。
科学精神	1. 我国公民的科学精神,就是在认识世界和改造世界的过程中表现出来的一种精神取向,即坚持马克思主义的科学世界观和方法论,能够对个人成长、社会进步、国家发展和人类文明作出正确的价值判断和行为选择。 2. 当代中国正经历广泛而深刻的社会变革,正进行宏大而独特的实践创新。在这一社会变革和实践的过程中发扬历史唯物主义基本观点,认清中国特色社会主义发展规律和阶段性特征,解放思想、实事求是、与时俱进,求真务实,在全面深化改革的进程中,把握发展机遇,应对各种挑战。 3. 培养青少年的科学精神,有助于他们形成正确价值取向和道德定力,提高辩证思维能力,立足基本国情,拓展国际视野,在实践创新中增长才干。	1. 能够面对简单情境问题,懂得用马克思主义哲学的基本原理,观察和理解经济、政治、文化、社会和生态等现象;用相关科学方法,说明有关制度运行的意义和基本原则;意识到个人在社会生活中的角色、冷静面对各种各样的矛盾争端;识别当前各种文化现象,进行恰当的文化选择。 2. 能够面对一般情境问题,运用辩证唯物主义基本观点和方法,解释当前社会现象中的突出问题,并对相关信息和推理进行评估和评价;理性评估个人成长和社会发展,面临的各种问题,阐述承担社会责任,促进社会和谐的意义;立足于中华优秀传统文化,理解和理性地对待存在于不同区域、民族和国家间的文化差异。 3. 能够面对复杂情境问题,用历史唯物主义的基本观点,阐释社会变迁的原因,把握社会发展的趋势;用开放而敏锐的眼光,辨识和分析不同信息和观点,作出正确抉择,提出实现目标的合理方案;着眼于中华优秀传统文化的创造性转化、创新性发展,表达传承和弘扬中华文化的积极态度。 4. 能够面对具有挑战性思考,以建设性批判的态度,回应社会历史发展的阶段性特征,把握社会转型期的复杂多变的态度,有所作为;针对突发事件,理性厘清有关信息和观点,创造性地提出解决方案;在全球视野下,针对各种思想文化的交融交锋,表现强大的文化理解力和国际传播力。
法治意识	1. 我国公民的法治意识,就是社会主义法治意识,遵法、学法、守法、用法,自觉参加社会主义法治国家建设。建设社会主义法治国家,是推进国家……	1. 能够面对简单情境问题,讲述法治使社会更加和谐的故事,表达法治是先进的国家治理方式;列举科学立法、严格执法、公正司法、全民守法的事例,描述社会主义法治国家的图景;采用生活中的实例,警示法律是不可逾越的红线;秉持自由、平等、公……

思想政治学科核心素养

（续表）

基本维度	核心内涵	水平划分
法治意识	治理体系和治理能力现代化的必然要求；全面依法治国，必须坚持党的领导，坚持依法治国和以德治国相结合，实现科学立法、严格执法、公正司法、全民守法，在全社会树立法治意识。 2. 增强青少年法治意识，有助于他们在生活中依法行使权利、履行义务，做社会主义法治的忠实崇尚者、自觉遵守者、坚定捍卫者。	正，法治的价值取向，解释依法行使权利、依法履行义务的行为；引用自身的经验，表达法律的温情与威严。 2. 能够面对一般情境问题，着眼于人类文明演进的历程，说明法治是先进的国家治理方式；阐明凭法治法律的道理，联系依法治理的实际，表达法治使生活更美好的感悟；比较与法相一致的道理，证实依法治国办事，依法维权，依法解决纠纷的好处。 3. 能够面对复杂情境问题，列举现实生活中的多种实例，阐述依法治国、建设社会主义法治国家的基本方式，剖析社会生活中的不当行为，阐释宪法至上的道理，履行义务使权利行为，针对经济、政治、文化和社会生活中的错误行为，澄清法律规范行为，以维护公平正义与法律尊严的品质间的关系。 4. 能够面对具有挑战性的复杂情境，结合中国特色社会主义的实践，阐释全面依法治国对国家治理体系和治理能力现代化的意义；选用立法、执法、司法和守法的实例，阐述法治法律思维的表现；结合社会主义法治国家、法治社会一体化建设的经验，阐明建设社会主义法治中国的总目标；以维护社会公平正义和法律尊严的自觉行动，投身于法治中国建设。
公共参与	1. 我国公民的公共参与，就是有序参与公共事务、勇于承担社会责任、积极行使公民权利。广泛的政治参与，彰显人民主体地位，是公民行使知情权、表达权、监督权的政治表现，有助于更好地表达民意、集中民智，提高国家治理和政府决策的科学性、民主性；有助于激发社会活力，提高人们热心公益活动的社会治理水平。 2. 培养青少年公共参与素养，有益于他们了解民主管理的程序，体验民主决策的价	1. 能够面对简单情境问题，识别不同领域、不同层面的公共事务；运用实例说明通过民主协商解决问题的好处，表现村民自治或居民自治的经验，描述自己所在社区公共事务管理的好处；引用经过核实的报道，表达民主决策、民主管理、民主监督的态度；基于爱国、敬业、诚信、友善的价值准则，表达乐于参与公益活动的态度。 2. 能够面对一般情境问题，举例说明公民所持有的民主权利的关系；说明政府直接行使民主权利的能力，解释社会治理两个层面；识别政府的职能和权力，解释社会治理两个层面，从社会治理和社会治理层面，表达关注公共利益的感受，展示公共精神的美好。 3. 能够面对复杂情境问题，剖析若干实例，阐释公民参与公共服务的意义和价值，解析公民参与政府立法、社会治理、政府决策，公共服务的途径和方式，针对公共利益

思想政治学科核心素养

（续表）

基本维度	核心内涵	水平划分
思想政治学科核心素养 公共参与	值，感受民主监督的作用，增强公德意识和参与能力，追求更高的道德境界。	4. 与私人利益发生的矛盾，商讨协商民主参与和社会参与角色行为，展现公共理性参与行动能力；着眼于人民当家做主的意义，论述公共参与的意义。 能够面对具有挑战性的复杂情境问题，回应各种指向公共机构的质疑，解释公民在公共参与过程中面对社会上各种冷漠的思想根源；回应不同公共价值；回应社会上各领域，各层面现实的表现和议论，剖析引导冷漠的表现和价值；揭示其历史和现实根源，解决矛盾冲突，并提出有针对性的办法或方案。

体育与健康学科核心素养的内涵及水平划分

基本维度	核心内涵	水平划分
体育与健康学科核心素养 运动能力	1. 体能、技战术能力和心理能力等在身体活动中的综合表现，是人类身体活动的基础。 2. 基本运动能力和专项运动能力。其中，基本运动能力是指从事生活、劳动和运动所必需的能力；专项运动能力是指参与某项运动项目所需要的能力。 3. 具体表现形式为体能状况，运动认知与技战术运用，体育展示与比赛。	1. 了解体能对于个人学习和生活的重要性；在教师的指导下制订体能锻炼计划并实施；掌握所学运动项目的原理和动作技术，通过运动体验增强对所学运动项目的理解；了解所学运动项目的国内外重要赛事。 2. 认识体能对于个人学习与生活与生活的重要性；制订和实施体能锻炼的运动国内外重要赛事；运用所掌握的运动项目技战术参加体育赛事；掌握所学运动项目技战术知识，并能进行运用；体质健康测试成绩合格；观看并简要评价所学运动项目技战术方法和比赛，裁判方法和比赛规则，并能进行运用。 3. 表现出对于体能重要性的正确认知，并积极参与或比赛；将所学运动技能运用于日常锻炼或比赛中；体质健康测试成绩良好；积极参加组织班级内及以上的体育展示或比赛；掌握所学的运动知识技能能分析与分析所学练习及比赛的问题；能分析与解决运动项目学练中的问题。 4. 运用科学锻炼原理设计利和实施个人体能发展计划，体质健康测试成绩优秀；用所学运动项目的技战术，规则参加班级间的比赛，能够胜任比赛的裁判角色；主动参加所学运动项目的国内外重要赛事，并作出较为全面的评论；运用所学运动项目技战术主动地观赏所学运动项目的比赛，并作出较为全面的评论。

（续表）

基本维度	核心内涵	水平划分
运动能力		5. 综合知识和技能分析与解决所学运动项目学习及比赛中的问题。根据个人特点设计和实施个性化的体能发展计划;选学的运动项目的比赛,达到近或达到所学运动项目运动水平接近或达到所学运动项目的国内外重要体育赛事;比较专业地观赏与评价所选运动项目的比赛,达到三级裁判员水平;比较专业地观赏与评价所学运动项目的国内外重要体育赛事;熟练运用所学知识和技能对所选运动项目的相关原理进行科学阐释,并解决运动实践中的复杂问题。
健康行为	1. 增进身心健康和积极适应外部环境的综合表现,是提高健康意识,改善健康状况并逐渐形成健康文明生活方式的关键。 2. 养成良好的锻炼、饮食、作息和卫生习惯,控制体重,远离不良嗜好,预防运动损伤和疾病,消除运动疲劳,保持良好心态,适应自然和社会环境的能力等。 3. 具体表现形式包括体育锻炼意识与习惯、健康知识掌握与运用、情绪调控、环境适应。	1. 认识体育锻炼对于健康的重要性,参与体育学习和课外体育活动;了解和初步运用营养、卫生保健、心理健康、社会适应、环境、安全避险、体重控制、运动损伤和疾病预防、消除运动疲劳等方面的健康知识;在运动、学习和生活中保持一定的情绪稳定性;在运动、学习和生活中与同伴交流合作,基本适应自然环境。 2. 理解体育锻炼对于健康的重要性,积极参与体育学习和课外体育锻炼,理解营养、卫生保健、心理健康、社会适应、环境、安全避险、体重控制、运动损伤和疾病预防、消除运动疲劳等方面的健康知识,将所学的健康知识运用于运动、学习和生活中;在运动、学习和生活中保持较好的情绪稳定及适应自然环境变化的能力;较好地处理人际关系,积极与人交流合作,适应自然环境的变化。 3. 比较自觉主动地进行科学的体育锻炼,形成锻炼的体育锻炼习惯;具有较好的健康意识,注意养成健康文明的生活方式;在运动、学习和生活中敢于面对困难对挫折,能有效调控自己的情绪,具有良好的情绪;有良好的适应运用综合知识应对能力;将所学的健康知识运用到生活中,形成健康文明的生活方式。 4. 积极主动地参与校内外体育活动,并能根据合作生活中,形成锻炼能力,团队精神以调整自己的体育锻炼方案;心胸开阔,情绪稳定,心态良好;具有良好的合作能力,能有效组织运用综合知识指导同伴和家人进行体育锻炼;对于自然环境具备很强的适应能力,表现出积极向上、乐观开朗的人生态度;自觉开展的生活方式。 5. 自觉坚持有规律的体育锻炼,并能有效组织运用综合知识指导同伴和家人进行体育锻炼;对于自然环境具备很强的适应能力,表现出积极向上、乐观开朗的人生态度;自觉开展的生活方式;自觉珍惜生命、珍爱生活,热爱生活,组织能力和合作能力;热爱生命、珍惜健康、身心健康、体魄强健。

（左侧纵向标注）体育与健康学科核心素养

（续表）

基本维度	核心内涵	水平划分
体育与健康学科核心素养 体育品德	1. 在体育运动中应当遵循的行为规范以及形成的价值追求和精神风貌,对维护社会风尚有积极作用。 2. 具体包括体育精神、体育道德和体育品格三个方面。其中,体育精神包括自尊自信、勇敢顽强、积极进取、超越自我等;体育道德包括遵守规则、诚实守信、社会责任、正确胜负观等;体育品格包括文明礼貌、相互尊重、团队合作、公平正义等。 3. 具体表现形式为体育精神、体育道德和体育品格。	1. 在体育运动中能够面对困难、不怕困难,认识到自己所担任的运动角色;在运动过程中关注同伴与对手,按照比赛规则与要求参与体育学习和比赛。 2. 在体育运动中敢于面对困难,克服困难,具有积极进取的意志品质;按照运动规则和比赛规则参与体育学习和比赛,诚实守信;在体育运动中尊重同伴、尊重裁判;了解运动角色的职责。 3. 在体育运动中积极克服内外困难,具有抗挫折能力,表现出勇敢顽强的精神;理解与运用选学运动项目的比赛规则,形成规则意识,具有公平竞争的意识和责任的社会行为。 4. 在体育运动中能够正确对待比赛的胜负结果,挑战自我,顽强拼搏的精神,服从裁判,尊重对手,胜不骄,败不馁,积极处理比赛中产生的问题;在比赛中表现出负责任、善担当的社会行为。 5. 在体育运动中自律自制,遵规守纪,有效应对和正确化解运动中的冲突;将在体育运动中形成的良好品德迁移到学习和日常生活中。

艺术学科核心素养的内涵及水平划分

基本维度	核心内涵	水平划分
艺术学科核心素养 艺术感知	1. 艺术感知是艺术学习与实践活动的基础,是学生对各艺术门类的艺术语言、艺术形象、思想情感的感受和认知。 2. 对艺术语言的感受和认知。艺术语言主要包括艺术要素、形式法则,风格特征等。艺术要素指节奏、力度、色彩、线条等;形式法则体现为结构的对比与统一等;风格特征包含体裁、流派、韵味等。 3. 对艺术形象的感受和认知。艺术形象是运用艺术语言所创造的形象,有具象、抽象、意象等表现类型。 4. 对思想情感的感受和认知。思想情感是艺术的内涵,体现政治性、民族性、社会性、时代性的特征。	1. 运用多种感觉方式,了解各艺术门类的主要表现形式,能感受、描述不同艺术活动中的艺术语言,形象塑造和情感表达的基本特征。 2. 在艺术实践活动中探究与分析各门类的艺术语言、力度、色彩、比例、平衡、形式法则等艺术语言对形象塑造和情感表达的意义和作用。 3. 在多元文化情境中,描述、理解不同文化艺术语言的区别与关联;比较其异同,找出它们的共性与个性;认知古今中外不同文化艺术语言在传统与现代艺术中的表现力;认知不同文化艺术语言塑造艺术风格和情感表达方面的多样性。

（续表）

基本维度		核心内涵	水平划分
艺术学科核心素养	创意表达	1. 创意表达是创造性的艺术表现活动,是学生在各种艺术实践中想象力、表现力、创造力的体现。 2. 想象力是学生在艺术感知与体验的基础上,通过联想、迁移、幻想等思维活动,构想独特艺术形象的能力。 3. 表现力是学生积极参与艺术实践,运用一定的艺术手段,表现艺术形象与思想情感的能力。 4. 创造力是学生运用各种艺术形式和手段,进行创意表达的综合体现能力,是想象力和表现力的综合体现。	1. 有选择性地掌握创意表达的基本艺术知识技能,在艺术活动中运用艺术要素、媒体材料进行设计和操作。 2. 从生活中提炼艺术创作的素材,根据不同情境进行艺术构思,选择适当的表现手段,进行新颖独特的创编,设计和实践,表达思想情感和意义。 3. 在个性化的艺术创作实践中,培养合作意识和多艺术门类跨领域关联的能力,并运用到其他学科和社会生活领域。
	审美情趣	1. 审美情趣是审美愉悦、高雅气质、人文情怀等艺术涵养的精神追求。 2. 审美愉悦是学生在艺术活动中受到真善美的感染,获得快乐和美的具体体现。 3. 高雅气质是学生在艺术的熏陶中,艺术修养获得提升,外显为高雅的精神面貌和行为举止。 4. 人文情怀是学生通过感受艺术表现中的生命力,认识艺术的人文价值,获得珍惜生命的悲悯情怀和广阔胸襟。	1. 具有追求美的愿望,能探索、能发现自身和生活中的美;在艺术活动中,通过调动视觉、听觉、动觉等,感知各艺术门类语言的美感和意蕴,获得审美的情感体验。 2. 在艺术与生活、文化,科学相关联的情境中,感受艺术的审美价值,并能够作出相应的阐释。 3. 能对中外有代表性的艺术作出自己的审美判断;能将艺术课程中获得的艺术经验,转化为生活中的审美情趣,按照一定的艺术旨趣设计自己的生活,体现高雅气质和人文情怀。
	文化理解	1. 文化理解是从不同文化的角度认识艺术,体现在艺术认识和艺术精神的领悟等方面。 2. 艺术鉴赏是学生对艺术和艺术作品进行文化的、历史的、社会的理解与评价。 3. 文化认同是在理解不同艺术的差异性和一致性基础上,认同中华民族文化身份、尊重、包容其他民族艺术,形成多元文化的生态观和价值观。 4. 艺术精神是一种充分体现人的品性、灵气和创造力的自由精神,包含对自然、社会、人生的理解。	1. 主动参与艺术活动,能搜集与艺术语言、艺术作品、艺术观念相关的文化背景资料,能认同中华优秀传统文化和世界多元文化艺术。 2. 在体验、讨论艺术作品和艺术活动中,能归纳艺术的形象塑造和情感表达与文化的关联,阐述自己的观点,与他人分享交流。 3. 在参与艺术活动的体验和探究中,能从不同视角理解中华优秀传统文化艺术的精神及特征;能阐释中外文化艺术精品,并对文化内涵作出初步的辨析与评价。

附录 2:《指南》的基本框架与内容

1.《指南》的基本框架

《指南》分为说明和正文两大部分。说明部分指出了《指南》的目的、作用、内容框架和实施时应该注意或把握的几个方面。正文部分从健康、语言、社会、科学、艺术五个领域分别描述了幼儿的学习与发展。这五个领域是幼儿学习的基本内容范畴,共同促进幼儿体智德美、知情意行全面均衡的发展。

健康、语言、社会、科学、艺术五个领域又划分为若干子领域,子领域主要关涉该领域幼儿学习与发展的最重要、最基本的方面,每个方面由学习与发展目标、教育建议两部分组成。其中,学习与发展目标部分分别对 3—4 岁、4—5 岁、5—6 岁三个年龄段的幼儿应该知道什么、能做什么、大致可以达到什么发展水平提出了合理期望;教育建议部分则针对幼儿学习与发展目标,列举了一些能够有效帮助和促进幼儿学习与发展的教育途径与方法。

2.《指南》的具体内容

(1) 健康领域

维护和促进幼儿的身心健康是幼儿园教育工作的首要任务,《纲要》中就明确指出"幼儿园必须把维护幼儿的生命和促进幼儿的健康放在工作的首位",《指南》在健康领域中也明确指出"健康是指人在身体、心理和社会适应方面的良好状态。幼儿阶段是儿童身体发育和机能发展极为迅速的时期,也是形成安全感和乐观态度的重要阶段。发育良好的身体、愉快的情绪、强健的体质、协调的动作、良好的生活习惯和基本生活能力是幼儿身心健康的重要标志,也是其他领域学习与发展的基础"。

《指南》在健康领域中,按照幼儿学习与发展最基本、最重要的内容划分为"身心状况""动作发展"和"生活习惯与生活能力"三个子领域。具体而言,每个子领域包括以下内容。

"身心状况"子领域首先表明幼儿在健康领域的学习与发展应包括身体和心理两大方面,表现在幼儿体态健康、情绪表现和适应能力三个维度。其中,"具有健康的体态"包括各年龄段幼儿身高、体重的参照标准,以及在身体姿势方面的典型表现;"情绪表现"则提出各年龄段幼儿的典型表现,诸如情绪稳定、保持愉快情绪、适度表达和调节情绪等;"适应能力"既体现在身体对内、外界环境及其变化的适应上,反映出身体的机能状况和体质的强弱,也体现在对社会环境的适应上,即社会适应能力。

"动作发展"是身体机能发展状况的重要表现,并与幼儿心理的发展具有内在的关联。"动作发展"包括幼儿大肌肉动作和小肌肉动作的学习与发展目标,具体表现在平衡能力、力量和耐力、手的灵活度等方面。

　　"生活习惯与生活能力"包括生活习惯和卫生习惯、生活自理能力、安全生活的能力,这些都是幼儿阶段需要学习与发展的重要方面。幼儿阶段是良好行为习惯养成的重要时期。生活自理能力和安全生活能力也都是幼儿适应社会生活必备的基本能力。

健康领域的目标及教育建议

子领域	子目标	教育建议
身心状况	体态健康	为幼儿提供营养丰富、健康的饮食;保证幼儿每天睡眠 11～12 小时,其中午睡应达到 2 小时左右,午睡时间可以随幼儿年龄的增长而逐渐减少;注意幼儿的体态,帮助他们形成正确的姿势;每年带幼儿进行健康检查。
	情绪表现	营造温暖、轻松的心理环境,让幼儿形成安全感和信赖感;帮助幼儿学会恰当表达和调控情绪。
	适应能力	保证幼儿的户外活动时间,提高幼儿适应季节变化的能力;经常与幼儿玩拉手转圈、秋千、转椅等游戏活动,让幼儿适应轻微的摆动、颠簸、旋转,促进其平衡机能的发展;锻炼幼儿适应生活环境变化的能力。
动作发展	平衡能力	利用多种活动发展幼儿的身体平衡能力;鼓励幼儿进行跑跳、钻爬、攀登、投掷、拍球等活动,以及跳竹竿、滚铁环等传统体育游戏,发展幼儿动作的协调性和灵活性;对于拍球、跳绳等技能性活动,不要过于要求数量,更不能机械训练。
	力量和耐力	开展丰富多样、适合幼儿年龄特点的各种身体活动,如走、跑、跳、攀、爬等,鼓励幼儿坚持下来,不怕累;日常生活中鼓励幼儿多走路、少坐车;自己上下楼梯,自己背包。
	手的灵活度	创造条件和机会,促进幼儿手的动作灵活协调。
生活习惯与生活能力	生活与卫生习惯	让幼儿保持有规律的生活,养成良好的作息习惯;帮助幼儿养成良好的饮食习惯;帮助幼儿养成良好的个人卫生习惯;提醒幼儿保护五官,如不乱挖耳朵、鼻孔,不用脏手揉眼睛,看电视时保持 3 米左右的距离等;激发幼儿参加体育活动的兴趣,养成锻炼的习惯。
	生活自理能力	鼓励幼儿做力所能及的事情,不论幼儿做得好坏都给予适当的肯定,不因做不好或做得慢而包办代替,以免剥夺他发展自理能力的机会;教给幼儿生活自理的基本方法,如穿脱衣服和鞋袜、洗手洗脸、擦鼻涕、擦屁股的正确方法;提供有利于幼儿生活自理的条件。
	安全知识和自我保护能力	提供安全的生活环境和必要的保护措施,结合生活实际对幼儿进行安全教育,教给幼儿简单的自救和求救的方法。

　　(2)语言领域

　　语言是交流和思维的工具。幼儿语言学习和发展对其全面发展具有重要的价值。《指南》指出,"幼儿期是语言发展,特别是口语发展的重要时期。幼儿语言的发展贯穿于各个领域,也对其他领域的学习与发展有着重要的影响;幼儿在运用语言进行交流的同时,也在发展着人际交往能力、理解他人和判断交往情境的能力、组织自己思想的能力。通过语言获取信息,幼儿的学习逐步超越个体的直接感知"。事实上,幼儿语言发展与认知发展相互支撑,幼儿语言发展促进幼儿的社会性发展,语言发展与其他方面的发展相辅相成。幼儿的语言能力是在交流和运用的过程中发展起来的,我们应为幼儿创设自由、宽松的语言交往环境,鼓励和支持幼儿与成人、同伴交流,让他们想说、敢说、喜欢说,并能得到积极回应。同时,提供丰富、适宜的低幼读物,经常和幼儿一起看图书、讲故事,有利于丰富其语言表达能力,培养良好的阅读兴趣和习惯,进一步拓展学习经验。此外,幼儿的语言学习需要相应的社会经验支持,应在生活情境和阅读活动中培养幼儿对文字的兴趣,通过机械记忆和强化训练过早识字不符合幼儿的学习特点和接受能力。基于此,《指南》语言领域的幼儿学习与发展分为两类:其一是幼儿口头语言的学习与发展目标,其二是幼儿书面语言准备的学习与发展目标。

"幼儿口头语言学习与发展"的子领域主要从倾听与表达的角度提出具体要求,重视培养良好的倾听习惯和语言表达能力。该子领域的具体目标包括:认真听并能听懂常用语言,愿意讲话并能清楚地表达,具有文明的语言习惯。

"幼儿书面语言准备的学习与发展"主要围绕阅读和书写准备。近年来的研究结果表明,3—8 岁是儿童学习早期阅读和读写的关键期,幼儿园阶段的教育要把握这个发展时机,在培养幼儿口语交流能力的同时,帮助幼儿做好书面语言学习准备。该子领域的具体目标包括:喜欢听故事,看图书;具有初步的阅读理解能力;具有书面表达的愿望和初步技能。

语言领域的目标及教育建议

子领域	子目标	教育建议
倾听与表达	听懂常用语言	多给幼儿提供倾听和交谈的机会;引导幼儿学会认真倾听;对幼儿讲话时,注意结合情境使用丰富的语言,以便于幼儿理解。
	主动清楚地表达	为幼儿创造说话的机会并体验语言交往的乐趣,引导幼儿清楚地表达。
	文明的语言习惯	注意语言文明,为幼儿做出表率;帮助幼儿养成良好的语言行为习惯。
阅读与书写	听故事看图书	为幼儿提供良好的阅读环境和条件;激发幼儿的阅读兴趣,培养阅读习惯;引导幼儿体会标识、文字符号的用途。
	初步的阅读理解能力	经常和幼儿一起阅读,引导他们以自己的经验为基础理解图书的内容;在阅读中发展幼儿的想象和创造能力;引导幼儿感受文学作品的美。
	书面表达能力	让幼儿在写写画画的过程中体验文字符号的功能,激发书写的愿望;在绘画和游戏中做必要的书写准备。

（3）社会领域

幼儿社会领域的学习与发展过程是其社会性不断完善并奠定健全人格基础的过程。人际交往和社会适应是幼儿社会领域学习的主要内容,也是其社会性发展的基本途径。幼儿在与成人和同伴交往的过程中,不仅学习如何与人友好相处,也在学习如何看待自己、对待他人,不断发展适应社会生活的能力。良好的社会性发展对幼儿身心健康和其他各方面的发展都具有重要影响。《指南》社会领域的目标部分指明了幼儿社会领域学习与发展的核心价值与方向。《指南》将幼儿社会领域的学习与发展分为"人际交往"和"社会适应"两个子领域。

"人际交往"具有交流信息、组织共同活动、形成和发展人际关系、增进自我认知等基本功能。"人际交往"对于幼儿的学习与发展同样重要,其具体目标主要包括:愿意与人交往,能与同伴友好相处,具有自尊、自信、自主的表现,关心、尊重他人。

"社会适应"是个体在与社会环境相互作用中,不断地学习各种行为和生活方式,最终达到与社会环境保持和谐与平衡的过程,它是个体社会化的基本途径与基本内容。对于幼儿的学习与发展而言,与周围的社会环境建立和谐关系,喜欢并适应群体生活,遵守基本的行为规范,具有初步的归属感就是"社会适应"的基本内涵。因此,《指南》就将社会适应子领域的目标聚焦于:喜欢并适应群体生活,遵守基本的行为规范,具有初步的归属感。

社会领域的目标及教育建议

子领域	子目标	教育建议
人际交往	喜欢交往	要主动亲近和关心幼儿,经常和他一起游戏或活动,让幼儿感受到与长辈交往的快乐,建立亲密的亲子关系或师生关系;创造交往的机会,让幼儿体会交往的乐趣。
	友好相处	结合具体情境,指导幼儿学习交往的基本规则和技能;结合具体情境,引导幼儿进行换位思考,学习理解别人;和幼儿一起谈谈他的好朋友,说说喜欢这个朋友的原因,引导他们多发现同伴的优点、长处。
	自尊自信自主	关注幼儿的感受,保护其自尊心和自信心;鼓励幼儿自主决定,独立做事,增强其自尊心和自信心。
	关心尊重他人	以身作则,以尊重、关心的态度对待自己的父母、长辈和其他人;引导幼儿尊重、关心长辈和身边的其他人,尊重他人的劳动及成果;引导幼儿学习用平等、接纳和尊重的态度对待差异。
社会适应	适应群体生活	经常带幼儿参加一些群体性的活动,使幼儿"乐群、合群";带大班幼儿参观小学,讲讲小学有趣的活动,唤起他们对小学生活的好奇和向往,为入学做好心理准备。
	遵守行为规范	严格遵守社会行为规则,为幼儿树立良好的榜样;帮助幼儿了解基本行为规则或其他游戏规则,让幼儿体验、理解规则的重要性,学习自觉遵守规则;教育幼儿要诚实守信。

(续表)

子领域	子目标	教育建议
社会适应	具有归属感	亲切地对待幼儿,关心幼儿,让他们感到长辈是可亲、可近、可信赖的,家庭和幼儿园是温暖的;吸引和鼓励幼儿参加集体活动,萌发集体意识;运用幼儿喜闻乐见和能够理解的方式激发幼儿爱家乡、爱祖国的情感。

（4）科学领域

幼儿的科学学习是在探究具体事物和解决实际问题中,尝试发现事物间的异同和联系的过程。幼儿在对自然事物的探究和运用数学解决实际生活问题的过程中,不仅获得丰富的感性经验,充分发展形象思维,而且初步尝试归类、排序、判断、推理,逐步发展逻辑思维能力,为其他领域的深入学习奠定基础。

幼儿科学学习的核心是激发探究兴趣,体验探究过程,发展初步的探究能力。成人要善于发现和保护幼儿的好奇心,充分利用自然和实际生活机会,引导幼儿通过观察、比较、操作、实验等方法,学习发现问题、分析问题和解决问题;帮助幼儿不断积累经验,并运用于新的学习活动,形成受益终身的学习态度和能力。幼儿的思维特点是以具体形象思维为主,应注重引导幼儿通过直接感知、亲身体验和实际操作进行科学学习,不应为追求知识和技能的掌握,对幼儿进行灌输和强化训练。基于此,《指南》科学领域的学习与发展目标紧紧围绕着激发探究和认识兴趣,体验探究和解决问题的过程,发展初步的探究和解决问题的能力,凸显"探究和解决问题"这一终身受益的核心价值。[①]《指南》科学领域的子领域包括"科学探究"和"数学认知"。

"科学探究"是幼儿科学学习的核心,因为探究既是幼儿科学学习的目标,也是幼儿科学学习的途径。儿童有着与生俱来的好奇心和探究欲望。好奇、好问、好探索是幼儿的年龄特点。幼儿的科学探究,需要回到大自然和社会生活之中,从而更好地激发幼儿的探究兴趣,帮助幼儿体验探究过程,发展幼儿科学学习的能力及品质。基于此,《指南》科学领域中"科学探究"子领域的目标包括:亲近自然,喜欢探究;具有初步的探究能力;在探究中认识周围事物和现象。

"数学认知"子领域强调幼儿对周围环境中,尤其是生活情境中数学问题的关注和兴趣,强调在感性、体验和操作层面理解"数"的概念与关系,并在解决问题的过程中逐步运用简单的数学知识,发展初步的逻辑思维能力。"数学认知"子领域的具体目标包括:初步感知生活中数学的有用和有趣;感知和理解数、量及数量关系;感知形状与空间关系。

---

① 李季湄,冯晓霞.《3—6 岁儿童学习与发展指南》解读[M].北京:人民教育出版社,2013.111.

科学领域的目标及教育建议

子领域	子目标	教育建议
科学探究	亲近自然喜欢探究	经常带幼儿接触大自然,激发其好奇心与探究欲望;真诚地接纳、多方面支持和鼓励幼儿的探索行为。
	初步的探究能力	有意识地引导幼儿观察周围事物,学习观察的基本方法,培养观察与分类能力;支持和鼓励幼儿在探究的过程中积极动手动脑寻找答案或解决问题;鼓励和引导幼儿学习做简单的计划和记录,并与他人交流分享。
	探究中认识事物和现象	支持幼儿在接触自然、生活中的事物与现象中积累有益的直接经验和感性认识;引导幼儿在探究中思考,尝试进行简单的推理和分析,发现事物之间明显的关联;引导幼儿关注和了解自然、科技产品与人们生活的密切关系,逐渐懂得热爱、尊重、敬畏自然。
数学认知	初步感知数学的有用和有趣	引导幼儿注意事物的形状特征,尝试用表示形状的词来描述事物,体会描述的生动形象性和趣味性;引导幼儿感知和体会生活中很多地方都用到数,关注周围与自己生活密切相关的数的信息,体会各种数所代表的含义;引导幼儿观察,发现按照一定规律排列的事物,体会其中的秩序和美,并尝试自己创造出新的排列规律;鼓励和支持幼儿发现、尝试解决日常生活中需要用到数学的问题,体会数学的用处。
	感知和理解数、量及数量关系	引导幼儿感知和理解事物"量"的特征;结合日常生活,指导幼儿学习通过对应或数数的方式来比较物体的多少;利用生活和游戏中的实际情境,引导幼儿理解数的概念;通过实物操作引导幼儿理解数与数之间的关系,并用"加"或"减"的办法来解决问题。
	感知形状与空间关系	用多种方法帮助幼儿在物体与几何形体之间建立联系;丰富幼儿空间方位识别的经验,引导幼儿运用空间方位经验解决问题。

（5）艺术领域

每个幼儿心里都有一颗美的种子。艺术是人类感受美、表现美和创造美的重要形式,也是表达自己对周围世界的认识和情绪态度的独特方式。幼儿艺术领域学习的关键在于充分创造条件和机会,在大自然和社会文化生活中萌发幼儿对美的感受和体验,丰富其想象力和创造力,引导幼儿学会用心灵去感受和发现美,用自己的方式去表现和创造美。幼儿对事物的感受和理解不同于成人,他们表达自己认识和情感的方式也有别于成人。幼儿独特的笔触、动作和语言往往蕴含着丰富的想象和情感,成人应对幼儿的艺术表现给予充分的理解和尊重,不能用自己的审美标准去评判幼儿,更不能为追求结果的"完美"而对幼儿进行千篇一律的训练,以免扼杀其想象与创造的萌芽。"差不多每一个孩子到了 4—7 岁时,在有合适环境的鼓励下,都是极富于创造性的。对于所有的孩子来说,这个阶段正是最自由的阶段。"①因此,《指南》将艺术领域划分为"感受与欣赏"和"表现与创造"两个子领域,"感受与欣赏"是"表现与创造"的前提,艺术教育就应该从"感受与欣赏"入手,在此基础上进行"表现与创造"。

"感受与欣赏"具体以幼儿对艺术的积极态度及艺术兴趣为主,强调幼儿艺术情趣的养成,从而激发幼儿开展艺术活动的内在动力。幼儿的艺术感受就是通过被周围环境或生活中美的事物或艺术作品所吸引,进而激发出内在的审美情趣。《指南》就将"感受与欣赏"子领域的目标归结为两个"喜欢":喜欢自然界与生活中美的事物,喜欢欣赏多种多样的艺术形式和作品。

"表现与创造"具体以幼儿艺术能力及感受能力与创造能力为主,强调通过艺术能力的培养促进幼儿的发展。幼儿的艺术表现与创造是利用艺术的形式和语言、艺术工具和材料,予以重新组合,并表现个人的艺术特性。《指南》将"表现与创造"子领域的目标也归结为两个方面:喜欢进行艺术活动并大胆表现,具有初步的艺术表现与创造能力。

艺术领域的目标及教育建议

子领域	子目标	教育建议
感受与欣赏	喜欢自然界与生活中美的事物	和幼儿一起感受、发现和欣赏自然环境和人文景观中美的事物;和幼儿一起发现美的事物的特征,感受和欣赏美。
	欣赏多种多样的艺术形式和作品	创造条件让幼儿接触多种艺术形式和作品;尊重幼儿的兴趣和独特感受,理解他们欣赏时的行为。
表现与创造	喜欢进行艺术活动并大胆表现	创造机会和条件,支持幼儿自发的艺术表现和创造;营造安全的心理氛围,让幼儿敢于并乐于表达、表现。
	具有初步的艺术表现与创造能力	尊重幼儿自发的表现和创造,给予适当的指导;鼓励幼儿在生活中仔细观察、体验,为艺术活动积累经验与素材;提供丰富的材料,如图书、照片、绘画或音乐作品等,让幼儿自主选择,用适宜自己表现的方式去模仿或创作,成人不做过多要求;根据幼儿的生活经验,与幼儿共同确定艺术表达表现的主题,引导幼儿围绕主题展开想象,进行艺术表达;肯定幼儿作品的优点,用表达自己感受的方式引导其提高。

---

① H.加登纳.艺术与人的发展[M].兰金仁,译.北京:光明日报出版社,1988:332-333.

后 记

作为中小学(幼儿园)的"领航者"与"掌舵人",校(园)长需要重视课程改革与教学创新,将课程领导与教师专业发展高度契合起来,并最终指向于学生(幼儿)的学习品质与教师的专业自主发展,促进教育质量的可持续性提升。作为陕西省教育厅科学研究重点科研计划项目"陕西省幼儿园园长课程领导力发展研究"(18JZ018)的阶段性成果,本书从课程领导的视域集中探讨校(园)长专业发展,尤其是从专业标准、核心素养和《指南》等改革的热点领域出发,聚焦校(园)长课程领导的理论与实践,具有一定的现实意义与研究价值。

本书通过对课程领导以及校(园)长课程领导的文献研究与脉络梳理,立足校(园)长课程领导的理论研究与实践探索,着力探讨当前校(园)长课程领导背后的理论溯源与现实状况,进而提出相应的策略举措。具体而言:第一部分从研究缘起与问题域出发,在概念界定与辨析的基础上,试图较为全面地把握当前校(园)长课程领导的现状及存在的问题;第二部分立足校(园)长的专业标准,在相关领域文献研究的基础上,集中探讨校(园)长课程领导与其专业发展的内在关联与契合,并为后续研究提供了理论层面的支撑;第三部分立足基础教育课程改革主基调和风向标,在核心素养的视域下集中探讨了中小学校长的课程领导及其专业发展;第四部分立足《3—6岁儿童学习与发展指南》,集中探讨了幼儿园园长的课程领导及其专业发展;第五部分则从校(园)长课程领导有效提升的层面,提出有针对性的策略举措等。

同时,本书也是对笔者近二十年从事中小学(幼儿园)干训和师训工作的一次梳理与省思。从最初校(园)长课程领导的专题讲座,再到相关科研项目及学术论文,本书试图将零散的主题予以统整,将理论与实践结合起来,希望能够对中小学校长和幼儿园园长的专业发展有所裨益。

由于时间和水平所限,本书还存在诸多不足与疏漏之处,敬请各位专家、学者、同行批评指正。

王 怡

2020 年于古都西安